SARAH UND STEFAN VATTER

Ameise sucht Gott

W0056690

SARAH UND STEFAN VATTER

Ameise
sucht Gott

EINE PARABEL
ÜBER DIE
GROSSEN
FRAGEN DES
LEBENS

HERDER

FREIBURG · BASEL · WIEN

Umschlaggestaltung: Harald Klein
Umschlagmotiv: Michael Steiger

Zeichnungen im Innenteil: Michael Steiger, © ExGo gGmbH
Satz: Carsten Klein, Torgau
Herstellung: GGP Media GmbH, Pößneck

Printed in Germany

ISBN Print 978-3-451-03319-3
ISBN E-Book 978-3-451-82427-2

INHALT

WARUM DIESES BUCH

Mit diesem Buch laden wir Sie zu einer Exploration ein. Begleiten Sie eine kleine Ameise bei einem Abenteuer. Angetrieben von der Frage nach einem Leben mit Bedeutung und von der Lust motiviert, Neues zu entdecken, begibt sie sich auf eine Entdeckungsreise. Der bisherige Blick auf ihre Ameisenwelt reicht ihr nicht mehr. Sie will mehr. Sie ist fest entschlossen, Dinge zu hören und zu sehen, die sie noch nicht kennt.

Ameise sucht Gott ist kein Märchenbuch. Anhand einer Ameisenparabel werden hier die großen Fragen der Menschheit aufgegriffen. Woher kommen wir? Wohin gehen wir? Wem vertrauen wir? Hier kommen bedeutsame Gedanken großer Persönlichkeiten über die Frage nach Gott und der Welt zur Sprache. Alles, was die Ameise auf ihrer Suche von anderen Tieren hört, sind reale Gedanken großer Natur- und Geisteswissenschaftler, wie sie in dem Buch *Exploration Gott* im Originalton zu lesen sind.

Parabeln sind starke Vereinfachungen komplexer Zusammenhänge. Das ist ihre Stärke und Schwäche zugleich. Die Stärke zeigt sich in ihrer Eingängigkeit: Parabeln entwerfen einen leicht verständlichen Vergleich. Sie bringen Unüberschaubares auf den Punkt und ermöglichen einen Überblick. So kommt in der Ameisenparabel Grundsätzliches im Spannungsverhältnis von Gott, Mensch und Welt zur Sprache. Die Schwäche einer Parabel ist die Auslassung von Teilaspekten. Eine Parabel kommt mit ihrem Vergleich immer an logische Grenzen und überschreitet diese auch. Unsere Ameisenparabel bringt wuchtige Themen im Leben des Menschen zur Sprache, die im Rahmen dieser Parabel nicht bis ins Letzte reflektiert werden können. Wer dazu mehr wissen will, sei auf das Buch *Exploration Gott* verwiesen.

Ziel dieses Buches ist es, zum Denken anzuregen. Es will Denkende zum Glauben und Glaubende zum Denken inspirieren. Wir wünschen dem Leser echte Entdeckungen und überraschende Einsichten, die hungrig auf mehr machen.

DAS VERBORGENE LEBEN
DER AMEISEN

Ameisen – wer kennt sie nicht? Als kleiner Junge beobachtete ich sie. So klein und aktiv. Immer unterwegs oder emsig dabei, irgendetwas zu bearbeiten. Anfangs kannte ich nur die kleinen roten Waldameisen. Meine Mutter erklärte mir, dass es auch die noch kleineren gelblichen und die größeren schwarzen Ameisen gibt. Ich wunderte mich darüber, wie vielfältig an Größe und Farbe Ameisen sein können. Das Ameisenspektrum ist gewaltig. Von der gelben asiatischen Knotenameise mit einer Größe von 2 mm über die rote Feuerameise (3 mm) bis hin zur australischen Bulldoggenameise mit 45 mm. In Deutschland gibt es um die 200, weltweit über 13 000 Arten. Sie leben in den unterschiedlichsten Klimazonen und Kontinenten. Von den Tropen bis hin zu den subarktischen Zonen Sibiriens. Die einen sind in der Lage, sich zusammenzurollen oder eine Art Teppich zu bilden, um so beispielsweise Wasser zu überqueren. Andere schneiden mit ihren messerscharfen Beißwerkzeugen Blätter entzwei. Wieder andere bewegen sich in Reih und Glied in bis zu 200 Meter langen Ameisenstraßen über Stock und Stein. Ameisenexperten erforschten unterschiedliche Lebensweisen und sprechen beispielsweise von »Jägern«, »Sammlern« und »Viehzüchtern«. Einige Arten betreiben »Sklaverei«, indem sie

Ameisenlarven anderer Arten entführen und später für sich arbeiten lassen. Wieder andere leben Sozialparasitismus, indem die Weibchen in bestehende Staaten einer anderen Art einwandern und ihre Nachkommen von diesen aufziehen lassen. Die Treiberameise schickt bei der Jagd einzelne Kundschafter aus. Die Wanderameisen hingegen gehen in Gruppen auf die Jagd. Die Gelbe Diebsameise baut Gänge in fremde Nester und verschleppt die fremde Brut, um sie später zu verzehren. Ameisen können grausam sein, wenn sie Artgenossen aus anderen Stämmen überfallen, töten und verzehren. Umso bemerkenswerter ist es, dass Ameisen auch den größten Einsatz für ihre Sippe aufbringen können. Nicht wenige sind bereit, für die anderen zu sterben. Die Ameisenvölker haben einiges gemeinsam: Sie sind alle in Staaten organisiert, die aus einigen Hundert bis mehreren Millionen Individuen bestehen. Ameisenstaaten verändern zudem ihre Umwelt nachhaltig. Sie tragen erheblich zur Umschichtung der oberen Erdschichten bei, unterstützen den Abbau pflanzlichen Materials, verbreiten Pflanzensamen und agieren als eine Art Polizei des Waldes. Wir entdecken sie im Wald, auf Bäumen, auf der Terrasse, im Haus und manchmal auch in der Kaffeetasse. Ständig unterwegs und auf der Suche, Neues zu entdecken. Ameisen sind Entdecker – echte Explorer. Die Parallelen zum Menschen sind so augenfällig, dass sie sich für die Parabel *Ameise sucht Gott* bestens eignen.

DIE AMEISE HUMEN

»Mama, schau mal – eine Ameise«, ruft der kleine Junge begeistert und hüpft vor Freude auf und ab. »Und da ist noch eine! Und noch eine! Das sind ja so viele. Wohin laufen die alle?«

»Das ist eine Ameisenstraße. Wahrscheinlich hat eine von ihnen etwas zum Essen entdeckt. Wenn eine Ameise Nahrung findet, hinterlässt sie eine Duftspur, damit andere den Weg zum Futter finden.« »Oh, das ist toll. Können wir ihnen hinterherlaufen und schauen, wo sie wohnen?«

»Heute nicht, sonst kommen wir zu spät zum Geburtstag.« Das Kind ergreift die Hand seiner Mutter und beide laufen den Waldweg hinunter in ihr Dorf.

Weiter unten, genau über dem Erdboden, rümpft eine kleine Ameise skeptisch die Nase und blickt den beiden hinterher. Sie hat nicht alles verstanden, wovon die Menschen gerade gesprochen haben, zum Beispiel, was ein Geburtstag sein soll. Aber das ist jetzt nicht wichtig, denkt sich die kaum vier Millimeter kleine Waldameise. Heute ist ihr großer Tag. Heute hat sie – Humen – ihren ersten Dienst für ihr Ameisenvolk getan. Es ist noch nicht lange her, dass Humen zum ersten Mal auf Entdeckungsreise geschickt wurde. Seit geraumer Zeit hat er die Ausbildung zum offiziellen Kundschafter abgeschlossen und darf allein auf Nahrungssuche gehen. Und nun hat er endlich auf einer seiner Erkundungen einen gewaltigen Nahrungsvorrat entdeckt: einen Strauch voller Blattläuse, die den wertvollen süßen Honigtau produzieren. Gerade laufen mehrere Hundert seiner Kollegen emsig »seinen« Weg auf und ab, um den Vorrat im Bau aufzufüllen.

»Humen, du bist echt genial!«, rufen ihm einige Ameisen zu. Ja, das Leben ist schön – ausreichend Nahrung, ein eigener Wohnbereich im Ameisenbau, eine erfüllende Arbeit, die anderen Ameisen jubeln ihm zu, und nach Feierabend wird er sich mit seiner Freundin Marie, einem Marienkäfer, treffen. Was will man mehr? Humen wird aus seinen Gedanken gerissen, als er merkt, dass einige Ameisen aufgeregt die Arbeiterlinie verlassen und den Waldweg Richtung Dorf hinunterlaufen. Immer mehr Ameisen folgen der neuen Spur. Was haben die nur alle auf einmal? Gerade will Humen seine Kollegen entrüstet darauf hinweisen, dass sie doch »seinen« Honigtau nicht einfach so liegen lassen können. Doch dann bemerkt er es auch: Ein süßlicher Duft breitet sich aus. Nur zu gerne würde auch er der neuen Spur folgen, aber nein, das kann er nicht. Er ist hier verantwortlich. Die kommen schon wieder. Entschlossen kehrt er wieder zurück zu seiner Ameisenstraße und muss feststellen, dass nur noch wenige Ameisen ein paar Tropfen »seines« Honigtaus in Richtung Bau tragen.

Als die Dämmerung einsetzt, ist Humen erschöpft. Es war ein anstrengender Arbeitstag. Jetzt freut er sich auf das Abendessen und sein Treffen mit Marie. Im Speisesaal angekommen, setzt sich Humen zu den anderen Ameisen seines Alters und beginnt seine Ration zu verschlingen.

»Ruhe, bitte!«, tönt eine tiefe und Ehrfurcht gebietende Stimme. Einer der Ältesten ist auf einen kleinen hervorstehenden Ast gekrabbelt, sodass ihn alle im Saal sehen können. »Wie ihr alle wisst, ist unser Nahrungsvorrat in den vergangenen Tagen beachtlich gesunken. Heute allerdings ist ein großer Tag, denn einer von euch hat uns eine neue Nahrungsquelle erschlossen. Ich möchte nun diesen ganz besonderen Kundschafter zu mir nach vorne bitten, denn wer so Wertvolles leistet, darf bei den Ältesten speisen.«

Humen kann sein Glück kaum fassen. Natürlich spricht der Älteste von ihm, von wem sonst? Er ist es ja, der heute den Honigtau entdeckt hat. Wegen ihm schmeckt das Essen endlich wieder süß. Hastig wischt sich Humen ein paar Krümel aus dem Gesicht und richtet sich auf. Er ist bereit für die Nennung seines Namens und den Applaus.

Die Ältestenameise fährt fort: »Er hat heute Nahrung für uns gefunden, die Menschen auf dem Waldweg zurückgelassen haben. Lasst uns ihm mit einem großen Applaus danken. Du bist unser Held, Antman!« Humen stockt der Atem. Antman? Wer zum Donnerwetter ist das denn? Unter tosendem Applaus sieht er, wie sich eine stattliche junge Ameise lächelnd erhebt und genießerisch nach vorn schreitet. Andere Ameisen sind aufgesprungen und jubeln Antman zu. »Das sollte mein Applaus sein«, denkt sich Humen. In ihm zieht sich alles zusammen. Er hat keinen Appetit mehr. Und überhaupt – wie kommen nur alle darauf, zu denken, dass diese vom Menschen weggeworfenen Sachen nicht schädlich sind?

Das Leben mit Bedeutung

Enttäuscht und nachdenklich macht Humen sich nach dem Abendessen auf den Weg nach draußen. Eigentlich hat er keine Lust mehr, sich heute noch mit Marie zu treffen. Ihr Treffpunkt ist wie meistens der große Stein in der Nähe des Ameisenhügels, auf dem Marie oft stundenlang die Sonne genießt.

»Hallo Humen, was für ein genialer Tag!«, ruft Marie.

Ohne zu antworten, setzt sich Humen mit gesenktem Kopf neben sie.

»Was ist los mit dir?«

Lange schweigt Humen.

»Marie, ich habe in den letzten Monaten immer wieder darüber nachgedacht. Wir sind alle irgendwo nach nirgendwo unterwegs. Ständig in Bewegung. Wie von einer unsichtbaren Schnur gezogen, eilen wir durch den Wald. Auf der Suche – nach was eigentlich? Warum und wozu arbeiten wir von morgens bis abends? Gibt es einen Sinn, der mehr ist, als den Ameisenhügel zu erhalten und irgendwie zu existieren? Gibt es hinter dem großen Wald da draußen noch irgendetwas oder jemanden? Ich frage mich, was mein Beitrag in dieser Welt ist.«

»Interessante Gedanken! Wir sind noch jung. Fast unser gesamtes Leben liegt noch vor uns und doch frage auch ich mich immer wieder, was in meinem Leben wirklich zählt und Bedeutung hat«, antwortet Marie.

»Marie, ich habe eine Entscheidung getroffen«, sagt

Humen mit fester Stimme. »Ich werde mich auf eine Ent-deckungsreise begeben, um Antworten auf meine Lebens-fragen zu finden. Ich bin zum Entdecken gemacht. Ich habe Füße, um in neue Gebiete vorzudringen. Ein Beiß-werkzeug, um Dinge zu zerlegen. Sinnesorgane wie meine Fühler, mit denen ich nicht nur tasten, riechen und schme-cken, sondern auch Temperaturveränderungen und die Qualität der Luft wahrnehmen kann. Habe ich nicht zur Erforschung und Entdeckung diese Art Explorations-Voll-ausstattung bekommen? Ich will schon morgen früh auf die Suche gehen und Neues entdecken.«

Neues entdecken, Abenteuer erleben und den großen Fragen des Lebens nachgehen? Maries Interesse ist geweckt.

»Ich komme mit!«, entscheidet sie kurzerhand.

Die Hydronauten

Abends liegt Humen lange wach und denkt an ein Buch, das er vor einiger Zeit gelesen hat und in dem über Ent-deckungsreisen berichtet wird. Darin gibt es eine Geschich-te von Ameisen, die Hydronauten genannt werden. Diese waren so sehr von dem Drang nach Neuem gepackt, dass sie alles daran setzten, über das große Wasser am Rande ihres Waldes in ein neues Gebiet zu gelangen. Besonders nachts kann man vom Waldrand aus erkennen, wie das fremde Gebiet auf der anderen Seite des großen Wassers leuchtet. Dort gibt es nichts Essbares und keine wertvollen

Materialien. Auch die Luft ist anders. Der Aufwand für die Hydronauten war erheblich und die Expedition lebensgefährlich. Dennoch wollten sie dieses Gebiet unbedingt erforschen. Bis heute schafften es insgesamt nur zwölf Ameisen, über das große Wasser dorthin zu gelangen. Die Hydronauten berichteten, dass sie weniger von der Entdeckung des Gebietes als vielmehr von der Möglichkeit fasziniert waren, ihren Wald aus einer neuen Perspektive sehen zu können. Ihr Wald leuchtete von der Ferne wie eine grüne Perle inmitten eines dunklen Nichts. Einige Hydronauten sprachen offen darüber, dass sie bei diesem Anblick die Fassung verloren und weinen mussten. Auf ihrer Entdeckungsreise wurden manche Hydronauten sehr nachdenklich und fingen neu an, über ihren Ursprung, Sinn und ihre Bestimmung nachzudenken. Eine ähnliche Geschichte gibt es wohl auch bei den Menschen, die sich auf den Weg zu dem nachts am Himmel leuchtenden Ball gemacht haben. All das schießt Humen durch den Kopf, bis seine Gedanken mehr und mehr zu verschwimmen beginnen und er einschläft.

1

DER ALTE DACHS
HISTORICUS – WIE
GESCHICHTE UNS PRÄGT

Zukunft braucht Herkunft

Am nächsten Morgen treffen sich Marie und Humen wieder bei dem großen Stein.

»Was denkst du, wo wir am besten unsere Suche nach den Fragen des Lebens beginnen können?«, fragt Humen.

»Beim alten Dachs, der am Ufer des Flusses wohnt. Der Dachs ist dafür bekannt, regaleweise alte Bücher über die Vergangenheit gelesen zu haben. Von ihm können wir mehr darüber erfahren, warum wir heute da sind, wo wir sind. Was unsere Vorstellung und unser Denken geprägt hat«, antwortet Marie.

»Das ist eine gute Idee. Als Kundschafter weiß ich: Wenn du nicht weißt, woher du kommst, kannst du auch nicht wissen, wo du stehst. Wenn du aber nicht weißt, wo du stehst, kannst du auch nicht wissen, wohin du gehst.«

Marie und Humen machen sich auf den Weg zum Dachs, der nicht weit von ihnen entfernt lebt. Vor dem Dachsbau angekommen, klopfen sie an die Tür. Auf dem Türschild steht mit großen Buchstaben »Historicus«. Während Marie über diesen seltsamen Namen nachdenkt, öffnet sich die Tür. Ein Greis mit zerzaustem Haar und abwesendem Blick steht vor ihnen.

»Was führt euch zu mir?«

Während Humen ihm ihr Anliegen erklärt, schärft sich der trübe Blick des Dachses zusehends, bis seine Augen anfangen zu leuchten. Er unterbricht Humen in seinem Redefluss.

»Kommt herein.«

Sie treten ein und stehen in einem Flur, der vom Boden bis zur Decke voll mit Büchern ist und wie eine Bibliothek wirkt. Nach einigen Metern gelangen sie rechts durch eine Tür in das Wohnzimmer. Alt, aber gemütlich eingerichtet.

»Nehmt Platz«, sagt der Dachs.

»Warum heißt du Historicus?«, fragt Marie.

»Man nennt mich Historicus, weil ich mich mit der Historie, also der Geschichte befasse. Ich forsche darüber, wie wir früher gelebt haben und was berühmte Tiere uns dazu zu sagen haben. Wer seine Zukunft gestalten will, muss seine Herkunft kennen. Die Gegenwart ist nur im Licht der Vergangenheit zu verstehen. Die Vergangenheit öffnet uns den Blick für den Bau der Zukunft. Bei all dem, was ich euch hierüber erzählen könnte – was liegt euch am meisten auf dem Herzen?«

»Ist alles nur Zufall oder gibt es einen tieferen Sinn für mein Leben?«, fragt Marie

»Sind wir allein oder ist da noch etwas oder jemand?«, fügt Humen hinzu.

»Wie fange ich an?«, murmelt der Dachs. Dann hebt er seinen Kopf, beugt sich nach vorne und blickt Humen und Marie an. »Am Besten werde ich euch fünf bedeutsame Persönlichkeiten vorstellen, die sich ihr Leben lang mit diesen Fragen beschäftigt haben. Mit ihren Gedanken über unsere Welt haben sie Millionen von uns geprägt. Und ob euch das bewusst ist oder nicht – auch euch. Kommen wir zur ersten dieser bedeutsamen Personen.«

Der berühmte Forscher

»Er war einer der berühmtesten Forscher. Es heißt, dass seine Forschung uns Auskunft über unseren Ursprung und unsere Entwicklung gibt. Vieles wurde seitdem über ihn geschrieben und gesagt.«

Historicus lehnt sich in seinen Sessel zurück.

»Aber stimmt das, was andere über diesen Forscher sagen, mit dem überein, was er selbst sagt? Bildet euch selbst eine Meinung: Dieser berühmte Entwicklungsforscher schrieb gegen Ende seines Lebens ein Buch über seine Höhen und Tiefen. Darin erzählt er, wie er sich als junger Mann auf eine große Expeditionsreise begab. Auf seiner Reise kam er in Gebiete, in denen kaum jemand zuvor gewesen war. Im Zentrum seiner Forschung standen stets die Fragen: Woher kommen wir und wie sind wir entstanden? Und mit diesen Fragen verbunden: Sind wir ein Zufallsprodukt oder gibt es einen Urheber und Entwickler hinter allem? Viele Jahrzehnte rang der Forscher mit der Frage: Zufall oder Urheber? In seinen Untersuchungen wurde er mit dem Schmerz und Tod in der Natur konfrontiert. So überlegte er, warum ein Urheber – wenn es ihn denn geben sollte – all das Leid in der Natur zulassen würde. Auch in seinem eigenen Leben musste der Forscher viel erleiden. Als seine älteste Tochter im Alter von zehn Jahren starb, verbrachte er Stunden, Tage und Nächte an ihrem Sterbebett. Während seine Frau in ihrem Leid zunehmend an eine persönliche Verbindung mit dem Urheber glaubte, kamen ihm Zweifel. Dennoch gab er seinen Glauben an einen Urheber nie ganz auf. Wenige Jahre vor seinem Tod schrieb der berühmte Forscher, selbst in den schwersten persönlichen Krisen nie die Existenz des Urhebers oder Entwicklers geleugnet zu haben. Seine letzten Worte waren an den Urheber gerichtet.«

Der Dachs macht eine Pause und Humen und Marie denken über seinen letzten Satz nach.

»Dass gerade dieser berühmte Forscher hinter dem Ursprung und der Entwicklung aller Dinge einen Urheber nicht ausschloss, wollen viele heute nicht wahrhaben. Der große Forscher macht es uns nicht leicht, weil er es sich selbst nicht leicht gemacht hat. Er war nicht nur Naturforscher, sondern auch ein Sinnsucher, der sein Leben lang nach einem Urheber aller Dinge suchte.«[1]

Ohne Pause fährt der Dachs fort:

Der einflussreiche Philosoph

»Eine zweite Persönlichkeit, die unsere Vorstellung vom Urheber wesentlich geprägt hat, war ein einflussreicher Philosoph. Von ihm heißt es, dass er die Existenz eines Urhebers abgeschafft habe. Er fragte sich, wie es sein kann, dass Millionen von uns an jemanden glauben, den es seiner Meinung nach gar nicht gibt, zu jemandem sprechen, der gar nicht da ist, und auf etwas hoffen, was nie kommen wird. Dabei kam er zu dem Ergebnis: Jeder, der an einen Urheber glaubt, projiziert seine Wünsche und Sehnsüchte in ein über ihm stehendes Phantom. Der Urheber sei nichts anderes als ein Ausdruck unerfüllter Sehnsüchte. Ein fantasievoll erdachter Wunschtraum.«[2]

Historicus hält inne und wirkt nachdenklich.

»Dieser Philosoph hat in einem Bereich recht: Ich kenne selbst zahlreiche Beispiele, wie nicht wenige von uns aus Angst, Verzweiflung oder getrieben von Macht und Eitelkeiten einen Urheber herbeifantasieren. Einen Wunscherfüller konstruieren, der interessanterweise genau das sagt, was sie schon immer dachten, und so ihre eigene Meinung auf wundersame Weise bestätigt. Dass sich einige unter uns einen Urheber als Fantasieobjekt ihrer Sehnsüchte und Wünsche ersinnen, sagt jedoch nichts darüber aus, ob es einen Urheber tatsächlich gibt oder nicht. Der Gedankengang dieses Philosophen kann sogar wieder direkt gegen ihn verwendet werden. Wenn wir davon ausgehen, dass es einen Urheber gibt, wäre dessen Leugnung ein höchst merkwürdiges Phänomen. Den Urheber als Projektion von Wünschen zu sehen, kann selbst eine Projektion sein: eine Projektion, um vor dem Urheber zu fliehen. In unserer Zeit, in der jeder selbst bestimmen und niemanden über sich haben will, ist die Idee von einem Urheber zweifellos störend und nur schwer ertragbar.«

»Dann hat das Argument dieses Philosophen keine Aussagekraft für die Frage, ob es einen Urheber gibt oder nicht?«, unterbricht Humen den Dachs.

»Man kann sich Sahnetorte wünschen und sich danach sehnen oder ihre Existenz leugnen so viel man will. Das sagt nichts darüber aus, ob es Sahnetorte gibt oder nicht gibt«, antwortet Historicus.

Der bedeutsame Systemsetzer

»Kommen wir zu einem weiteren bedeutsamen Gelehrten. Dieser nahm die Gedanken des einflussreichen Philosophen auf, ging aber noch einen Schritt weiter. Er meinte: Nur wer seinen illusorischen Glauben an einen Urheber aufhebt, könne das wirkliche Glück finden. Der Glaube an einen Urheber wirke wie eine Droge, mit der man vor der Wirklichkeit flieht und sich durch eine himmlische Traumwelt zu betäuben sucht. Erst wenn die illusorische Vorstellung vom Jenseits verschwunden sei, könne das Glück im Diesseits beginnen. Der Glaube an einen Urheber habe uns alle an eine Kette gelegt. An die Stelle des Glaubens an einen Urheber als Systemgeber müsse der Glaube an ein von uns entworfenes Staatssystem treten – ganz ohne Urheber.«[3]

Historicus steht auf und geht zum Fenster.

»Es ist verblüffend, wie aktuell seine Ausführungen sind. Dieser Entwurf eines Staatssystems ohne Urheber prägte in den letzten hundert Jahren wesentlich unsere Geschichte. Millionen mussten für die Überzeugung dieses Staatssystems ihr Leben lassen. Diese bekannte Person gab vor, ein vom Urheber befreites Staatssystem zum Glück aller aufzeigen zu können. Dennoch starb er hoffnungslos und verzweifelt. Seine beiden ihn überlebenden Töchter vertraten dieselbe Vorstellung von einem glücklichen Leben ohne Urheber. Beide setzten ihrem Leben selbst ein Ende. Dieser große Systementwickler, der bis heute einen ungebrochenen Einfluss auf uns hat, war davon überzeugt, dass der Glaube an den Urheber die Welt herzlos und glücklos mache. Ich frage mich immer wieder: Welches Glück hat sich in seinem Leben und in dem Leben derer entfaltet, die seinem Lehrsystem folgen?«

Eine ganze Weile bleibt es still und die beiden kleinen Freunde blicken erwartungsvoll zum alten Dachs. Historicus scheint mit seinen Gedanken in weite Ferne gerückt zu sein und schaut abwesend aus dem Fenster. Als würde er seine unangenehmen Gedanken von sich abschütteln, dreht er sich auf einmal um, setzt sich wieder in seinen Stuhl und beginnt von einer nächsten Persönlichkeit zu erzählen.

Der namhafte Medicus

»Von einem anderen muss ich euch berichten. Er war ein namhafter Medicus und Therapeut. Er ging davon aus, dass jeglicher Glaube an ein höheres Wesen einer psychischen Störung gleichkomme. Wie sich beispielsweise ein junger Dachs besonders an seinen schützenden Vater wendet, haben die erwachsenen Dachse die Naturkräfte personalisiert und zu einer Art Über-Vater erhoben. Nur primitive und kindlich Denkende bräuchten einen Urheber-Vater als persönlichen Fürsorger. Doch der gleichen Logik des Medicus folgend, könnte jedem, der nicht an einen Urheber-Vater glaubt, ebenso eine Störung attestiert werden. Beispielsweise als ein Fluchtreflex aus Angst vor der möglichen Existenz eines solchen. Zur Frage, ob es einen Urheber-Vater gibt oder nicht, konnte dieser Medicus jedoch keine gültige Aussage treffen. Er war davon überzeugt, über umfangreiches Wissen zu verfügen. Warum beispielsweise ein Erwachsener aufgrund bestimmter Erlebnisse in seiner Kindheit heute so oder so reagiere. Er glaubte, seine Methode allein sei in der Lage, jedem Patienten zu sagen, was genau in seinem Leben nicht stimmen würde, und den einzig richtigen Ausweg zu kennen.«

»Dann muss er ja ein erfülltes Leben gehabt haben«, stellt Marie fest.

Der alte Dachs blickt Marie in die Augen:

»In manchen Fällen schien es, als sollte jemand von Problemen befreit werden, die weder er noch andere je zuvor wahrgenommen haben. Seine Lehre warf noch viele weitere Fragen auf: Wer steht in dieser Therapie eigentlich im Mittelpunkt? Der zu Behandelnde oder die angeblich unverzichtbare Bedeutung des Therapeuten mit dessen Methode? Ist die Lehre dieses Medicus nicht selbst die Krankheit, für deren Therapie sie sich hält? Im Alter von

83 Jahren ließ der Medicus sich von seinem Hausarzt eine tödliche Dosis Morphin verabreichen.«[4]

Der konsequente Anti-Sinngeber

»Von einem letzten Denker will ich euch berichten. Als junger Mann sagte er dem Glauben an einen Urheber ab, der für ihn ein Herrscher, Despot, aber auch Sinn- und Wahrheitsverordner war. Er war überzeugt, dass durch die Abschaffung des Herrschers alle die Chance hätten, ein »Übertier« zu werden. Wie kein anderer Gelehrter durchdachte er die Folgen eines Lebens ohne Sinngeber. In einer berühmt gewordenen Metapher beschreibt er das Szenario einer Welt ohne Sinngeber und zeigt, welche Folgen die Eliminierung des Sinngebers haben würde.«

Der Dachs greift nach einem Buch, schlägt es auf und liest einen Abschnitt des konsequenten Antiurhebers vor:

»Habt ihr nicht von jenem tollen Tier gehört, das am hellen Vormittag eine Laterne anzündete, auf den Markt lief und unaufhörlich schrie: ›Ich suche den Sinngeber! Ich suche den Sinngeber!‹ Da dort gerade viele von denen zusammenstanden, welche nicht an einen Sinngeber glaubten, erregte er ein großes Gelächter. Ist er denn verlorengegangen?, sagte der eine. Hat er sich verlaufen wie ein Kind?, sagte der andere. Oder hält er sich versteckt? – so schrien und lachten sie durcheinander. Das tolle Tier sprang mitten unter sie und durchbohrte sie mit seinen

Blicken. ›Wohin ist der Wahrheitsgeber?‹ rief er, ‚ich will es euch sagen! Wir haben ihn getötet – ihr und ich! Wir sind seine Mörder! Der Wahrheitsgeber ist tot! Der Sinngeber bleibt tot! Und wir haben ihn getötet! Wie trösten wir uns, die Mörder aller Mörder? Das Heiligste und Mächtigste, was die Welt bisher besaß, es ist unter unseren Messern verblutet – wer wischt dies Blut von uns ab? Mit welchem Wasser könnten wir uns reinigen? Welche Sühnefeiern, welche heiligen Spiele werden wir erfinden müssen?«[5]

»Der konsequente Anti-Urheber war überzeugt: Nicht an einen Sinn- und Wahrheitsbegründer glauben darf nur, wer die Folgen eines Lebens ohne Sinn und Wahrheit zu tragen bereit ist, nur wer das Wagnis eingeht, sich in die unendliche Leere stürzen zu lassen, dorthin, wo nichts mehr hält und trägt.«

»Wie ging es mit ihm weiter?«, will Humen wissen.

»Mit Mitte vierzig erlitt er einen geistigen Zusammenbruch, und von da an verschlimmerte sich seine neurologische Erkrankung zunehmend. Alle Versuche, ihn zu heilen, scheiterten. Oft verfiel er in Wahnvorstellungen, selten war er in der Lage, kurze Gespräche zu führen. Er saß versunken da, nur ab und zu, wenn beispielsweise Straßen oder Kinderlärm an sein Ohr drang, äußerte er unverständliche Laute. Nach zehnjähriger geistiger Umnachtung starb er im Alter von 55 Jahren.«

Historicus sieht sie jetzt nachdenklich an.

»Auffallend ist, dass hinter jeder der genannten Persönlichkeiten ein dramatisches Leben steht. Als ich noch jung war, orientierte ich mich an dem, was andere in der Blütezeit ihres Lebens dachten und sagten – heute achte ich auch darauf, wie sie gelebt haben und gestorben sind. Es ist erstaunlich, wie Lehre und Leben dieser Personen oft voneinander getrennt werden. Es ist doch bedeutsam, was sie am Ende ihres Lebens über ihr eigenes »Lebenswerk« denken – nicht wenige widerrufen. Zunehmend denke ich darüber nach, was für eine Saat sie gesät und welche Früchte sie gebracht haben. Wer uns sagt, wie wir zu leben haben, von dem sollten wir auch wissen, wie er selbst gelebt hat. Wie tragfähig ist all das Gesagte und Geschriebene in Anbetracht des eigenen Lebens und Sterbens?«

»Habe ich das richtig verstanden?«, fragt Marie. »Der berühmte Forscher ist sich nicht sicher, ob es einen Urheber hinter all dem, was er untersuchte, gibt. Seine letzten Worte waren jedoch an den Urheber gerichtet? Der einflussreiche Philosoph sagt: ›Der Urheber ist eine Illusion und spielt für das Leben auf der Welt keine Rolle.‹ Der bekannte Systemtheoretiker lehnt einen Systemurheber ab, um selbst ein vom Urheber befreites System zu bauen. Anstelle des Urhebersystems soll das Staatssystem treten. Der namhafte Medicus meint: ›Der Glaube an einen Urheber als Über-Vater ist nur etwas für Primitive.‹ Und der konsequente Anti-Urheber warnt vor den Konsequenzen seiner eigenen Überzeugung.«

Humen schweigt. Irgendwie hat er sich das anders vorgestellt. Er ist mit dem bisher Gehörten nicht zufrieden. Er merkt, wie all diese Gedanken ihn geprägt haben, ohne dass er sie jemals hinterfragt hat. Den Urheber zu leugnen, scheint einfach zu sein. Aber was haben all die Personen zu dem Wozu und Warum und zum Sinn des Lebens zu sagen? Was, wenn diese Persönlichkeiten sich täuschen und nicht der Glaube an die Anwesenheit, sondern der Glaube an die Abwesenheit des Urhebers eine Illusion ist?

»Kannst du uns auch noch etwas über die Erforschung der Welt sagen?«, fragt Marie.

Der Dachs schüttelt den Kopf.

»Tut mir leid, Marie, das ist nicht mein Gebiet. Geht doch zum schlauen Fuchs. Er wohnt auf der steilen Erhebung, von wo aus er nachts die Sterne erforschen kann.«

Die beiden kleinen Freunde bedanken sich beim alten Dachs und nehmen sich vor, als Nächstes den schlauen Fuchs aufzusuchen.

2

DER SCHLAUE FUCHS RATIONUS – RÄTSELHAFTE FASZINATION DER WISSENSCHAFT

Die Schönheit der Mathematik

Der Fuchs auf der steilen Erhebung ist sehr klug und einfallsreich. Schon als Kind interessierte er sich für alles, was sich um ihn herum bewegte. Angefangen von den kleinsten Dingen im Wald bis zu all dem, was im Himmel zu sehen war. Weil er schwierige Zusammenhänge mit seinem Verstand zu erforschen suchte, wurde er bereits in der Schule von seinen Mitschülern »Rationus« genannt. Marie und Humen gehen den steilen Berg zum Fuchs hinauf. Oben angelangt sehen sie, wie Rationus gedankenversunken an einem merkwürdigen Gerät herumschraubt.

»Oh, der Fuchs ist ja richtig attraktiv!«, frohlockt Marie.

»Das bin ich auch«, erwidert Humen trotzig.

Als der Fuchs die beiden kommen sieht, wendet er sich ihnen schwungvoll zu.

»Was kann ich für euch tun?«

»Wir hörten, du hast so vieles von unserer Welt erforscht. Warum gibt es uns oder überhaupt etwas und warum ist nicht nichts?«, kommt Humen direkt zur Sache.

Rationus ist sofort bereit, sich auf die Frage einzulassen, und denkt nur kurz nach.

»In dieser Frage nehmen uns die Naturwissenschaften mit auf eine Exploration voller Überraschungen. Weil alles, was ist und zu existieren beginnt, eine Ursache hat, müssen auch unsere Welt und unser Leben eine Ursache haben. Und begonnen hat alles mit einem großen Knall, vor dem nichts war.«

»Und wer hat geknallt?«, wirft Marie ein. »Du sagst doch, dass alles eine Ursache haben muss, das gilt doch auch für diesen großen Knall?«

»Ein großer Weltenerforscher lehrt uns, das sei eine ›spontane Erzeugung‹ gewesen«, antwortet der Fuchs ein wenig verlegen.[6]

»Und wer hat die ›spontane Erzeugung‹ erzeugt?«, fragt Humen irritiert.

»Na, eine spontane Erzeugung eben.« Der Fuchs zuckt mit den Schultern.

»Spontane Erzeugung als Grund für die Entstehung unserer Welt zu nennen, hört sich nicht so wissenschaftlich an. Wie soll sich unsere Welt an den eigenen Haaren emporziehen – aus spontaner Erzeugung? Es ist doch unmöglich, dass eine Ursache, ohne selbst zu existieren, eine Wirkung erzielt. Nichts ist und bleibt nichts, und es ist und bleibt die Abwesenheit von etwas. Wäre es nicht aufrichtiger zuzugeben, dass man es einfach nicht weiß?«, fragt Marie.

»Warum nicht von dem Naheliegenden sprechen? Von einem Auslöser, einem Urheber, der über Raum und Zeit steht, der schon immer da war und alles, was ist, verursacht hat? Oder stehen Naturwissenschaften und Glaube an einen Urheber im Widerspruch zueinander? Entweder das eine oder das andere? Muss ich mich für eines von beiden entscheiden?«, fragt Humen.

Rationus seufzt.

»In der Beziehung zwischen dem Glauben an einen Urheber und den Naturwissenschaften löste vor allem ein Ereignis einen Paukenschlag aus, der bis heute nachklingt. Vor vielen Jahrhunderten entdeckte ein Naturforscher, dass nicht unser Wald, sondern die Sonne der Mittelpunkt ist, um den sich alles dreht. Etliche, die damals an den Urheber glaubten, sahen darin eine Bedrohung ihres Glaubens.«

»Warum soll das eine Bedrohung für den Urheber sein?«, wundert sich Humen.

»Tatsächlich ging es dem Forscher damals nicht um ein Entweder-Oder von Naturwissenschaften und dem Glauben an einen Urheber. Er selbst ging fest von einem Urheber aller Dinge aus, und seine Entdeckung stand für ihn nicht im Widerspruch zu seinem Glauben. Er war davon überzeugt, dass die Naturgesetze vom Urheber in der Sprache der Mathematik geschrieben sind und der Urheber uns den Verstand gegeben hat, um diese Zusammenhänge zu entdecken. Mathematik war für ihn das Alphabet, mit dessen Hilfe der Urheber unsere Welt beschreibt.[7] Für fast alle Pioniere der modernen Naturwissenschaften war es undenkbar, die Natur vom Urheber getrennt zu betrachten. Sie waren überzeugt, dass unsere Welt kein Zufallsprodukt ist und zu einem bestimmten Zweck existiert, der auf einen Urheber hinweist.«

»Und wie ist das heute?«, fragt Humen.

»Einer der einflussreichsten Naturwissenschaftler unserer Zeit betont, dass der Glaube an einen Urheber und die Naturwissenschaft einander ergänzen und bedingen. Für ihn war der unmittelbarste Beweis für die Vereinbarkeit des

Glaubens an einen Urheber und der Naturwissenschaften die Tatsache, dass gerade die größten Naturforscher aller Zeiten von einem Glauben an einen Urheber tief durchdrungen waren.[8] Der wohl berühmteste Weltenerforscher der letzten hundert Jahre sprach davon, dass sich in der Welt eine uns grenzenlos überlegene Vernunft offenbart. Einen legitimen Konflikt zwischen dem Glauben an einen Urheber und der Wissenschaft gibt es seiner Meinung nach jedoch nicht. Für ihn galt: Wissenschaft ohne einen Glaube an einen Urheber ist lahm und ein Glaube an einen Urheber ohne Wissenschaft blind.«[9]

Der Fuchs hält inne.

»Dass sich die Natur in mathematischen Gesetzen beschreiben lässt, erstaunt mich immer wieder aufs Neue. Vielleicht ist die Mathematik wirklich eine Art Sprache des Urhebers, mit der er zu uns spricht. Das Unverständlichste an unserer Welt ist, dass wir sie verstehen und mathematisch beschreiben können. Es gibt keinen Platz in dieser Welt für hässliche Mathematik.«

»Was bedeutet ›keinen Platz für hässliche Mathematik‹?«, fragt Marie.

»Unsere Welt ist organisiert nach einem logischen Schema, auf dem jede Schneeflocke basiert. Diese logischen Strukturen der Natur sind mathematisch beschreibbar. Es stellt sich die Frage, wer eigentlich die Mathematik erfunden hat. Selbstverständlich wurde die Mathematik von uns entwickelt. Sie beschreibt jedoch naturwissenschaftliche Zusammenhänge, die längst gegeben waren.

Eine Welt, in der alles auf minutiöse Weise aufeinander abgestimmt ist. Und all das nach einem logischen System, das wir mittels Mathematik in Formeln darstellen können. Ein System, das der Mensch vorfindet und entdeckt, nicht aber selbst erfunden hat. Die Muster der Mathematik harmonieren wie die Farben eines Malers oder die Worte eines Dichters und sind voller Schönheit. Gibt es einen Grund, warum unsere Welt in einer solch geheimnisvollen Schönheit existiert?«

»Das mit der schönen Mathematik klingt echt spannend«, antwortet Marie nachdenklich.

»Als Student dachte ich noch, dass der Glaube nur für die ist, die Halt brauchen. Eine Art Strohhalm. Und dass der Glaube an einen Urheber für all das herhalten muss, was man sich noch nicht erklären kann«, erzählt Rationus. »Damals habe ich noch nicht gesehen, dass jeder an etwas glaubt – auch jeder Wissenschaftler. Zu glauben, dass es keinen Urheber gibt, ist auch ein Glaube. Selbst die größten Skeptiker sind ›gläubig‹ – auch wenn sie nur an ihr eigenes Urteilsvermögen glauben. Die Tatsache, dass jede Weltanschauung ein Glaubenssystem ist, kann ernüchternd sein. Wer meint, aus einer Art neutralen Warte zu kommen, verdeutlicht damit nur, dass er sich seiner eigenen Glaubensvorstellungen nicht bewusst ist. Selbst bei den alltäglichsten Dingen sind wir darauf angewiesen zu glauben. Wenn unsere Eltern uns etwas zu essen geben, müssen wir ihnen glauben, dass es nicht vergiftet ist.«

Die unmögliche Möglichkeit

Mit einer ausladenden Geste deutet Rationus auf das Gerät, an dem er zuvor herumgeschraubt hat.

»Diese Vorrichtung dient mir dazu, mich schneller im Wald fortzubewegen. Wenn ich an einer Schraube drehe, glaube ich daran, dass sie danach festsitzt und Einzelteile zusammenhält. Ich muss darauf vertrauen, dass die Bremse tatsächlich bremst. Und wenn ihr bei mir mitfahren wolltet, bliebe euch nichts anderes übrig, als ebenfalls darauf zu hoffen. Das würde uns zu einer Art Glaubensgemeinschaft machen.«

Humen denkt im Stillen, dass er lieber vorsichtshalber wohl nicht mitfahren würde.

»Je mehr Wissen es gibt, desto mehr Glaube an das Wissen anderer ist notwendig. Oder wie es einmal ein berühmter Weltenerforscher formulierte: ›Über den Toren des Tempels der Wissenschaft stehen die Worte geschrieben: Du musst glauben‹«[10], sagt der Fuchs.

»Dann gibt es also Naturwissenschaftler, die aufgrund ihrer Forschung davon überzeugt sind, dass es einen Urheber der Welt geben muss und andere, die glauben, dass es keinen Urheber gibt«, resümiert Humen.

»Was spricht denn nun für und was gegen den Glauben an einen Urheber?«, fragt Marie.

»Das ist eine Nuss, die ich bis heute nicht mit meiner Ratio, also meinem Verstand, knacken konnte«, gesteht Rationus. »*Gegen* einen Urheber sprechen im Wesentlichen zwei Dinge. Zum einen: Wenn es einen Urheber gibt, warum zeigt er sich nicht einfach? Zum anderen: Wenn da ein allmächtiger Weltenlenker ist, warum lässt er dann all das Leid zu? Auf diese beiden Fragen kann ich euch keine naturwissenschaftliche Antwort geben. Als Naturwissenschaftler untersuche ich, was messbar ist.«

»Und was spricht *für* einen Urheber?«, hakt Humen nach.

»In den letzten Jahrzehnten konnten wir die unvorstellbare Präzision unserer Welt im ganz Großen wie im ganz Kleinen zunehmend messen und berechnen. Ein bekannter Weltenerforscher, der nicht an einen Urheber glaubt, spricht von einer unvorstellbaren Feinabstimmung. Er fand heraus, dass die Feinabstimmung der Welt vergleichbar ist mit der Feinabstimmung eines Turms aus einer Million Rasierklingen, die jeweils auf ihren Klingen übereinander stehen, auf dessen Spitze ein Bleistift steht.[11] Es besteht Einigkeit darüber, dass unsere Welt so präzise und fein aufeinander abgestimmt ist, dass sie exakt nur ihre jetzige Form haben kann. Die Anfangsbedingungen unserer Welt müssten bis auf 59 Stellen hinter dem Komma genau festgelegt gewesen sein. Dies bedeutet, dass eine winzige Abweichung dazu führen würde, dass unsere Welt entweder in sich zusammen- oder auseinanderfiele.«

»Wie können wir uns das mit den 59 Stellen hinter dem Komma vorstellen?«, unterbricht Marie.

»Stell dir vor, wir würden unsere gesamte Welt mit Ameisen bedecken. Und das über eine Milliarde Mal. Nur eine Ameise wäre rot markiert. Verbinde dann jemandem die Augen und bitte ihn, die rot markierte Ameise herauszusuchen. Nur wenn er beim ersten Versuch die rot markierte Ameise herausgreift, ist die Wahrscheinlichkeit für die Entstehung unserer Welt gegeben. Das Gleiche gilt nach neuesten Erkenntnissen übrigens auch für die Entstehung unseres Lebens. Dass es die Welt und das Leben auf der Welt gibt, ist nicht mehr als eine unmögliche Möglichkeit.«

»Marie – ich habe es ja immer schon gewusst, du bist eine unmögliche Möglichkeit«, scherzt Humen. Dann fährt er ernst fort: »Ich weiß nicht, ob ich glauben kann, dass unser Leben nur eine Laune des Schicksals ist, ein historischer Zufall. Wir sind zu sehr darin verwoben. Irgendetwas sagt mir, dass wir dazu da sind, hier zu sein. Auch wenn die Naturwissenschaften keine Auskunft über die Identität eines Urhebers geben müssen, frage ich mich, ob hier deutliche Hinweise auf einen Urheber nicht fantasievoll umgangen werden. Wer verlässt hier den Raum der Logik? Die, die von einem Urheber sprechen, oder die, die meinen: ›Alles – nur kein Urheber!‹?«

»Es kann nicht geleugnet werden, dass die Wahrscheinlichkeit für die zufällige Entstehung unserer Welt quasi bei Null liegt. Einige sprechen von einem unfassbaren Zufall und suchen nach einer Alternative, um nicht von einem Urheber sprechen zu müssen. Ein berühmter Mathematiker gestand, dass nichts seinen Nichtglauben an einen Urheber so erschüttert hätte wie seine Berechnung dieser hochpräzisen Feinabstimmung. Er kam zu der Überzeugung, dass es irgendwie einen Superintellekt geben müsse.[12] Die Feinabstimmung unserer Welt ist ein drastischer Hinweis darauf, dass unsere Welt zielgerichtet dafür konstruiert ist, Heimat für Leben zu bieten. Nach dem Stand der Forschung stehen wir vor der Entscheidung zwischen quasi unmöglichem Zufall und intelligenter Planung, für die ein Urheber erforderlich ist«, erklärt der Fuchs.

»Moment, ich bin gleich zurück«, sagt er dann und verschwindet in seinem Bau.

»Ich kann mir das mit dem Zufall durchaus vorstellen. Wenn sowieso alles ein Wunder ist, warum dann nicht auch die Entstehung von uns und der Welt?«, sagt Marie zu Humen.

»Ich weiß nicht«, erwidert Humen. »Dass hinter jedem Buch ein Autor steckt, wird kein Wissenschaftler anzweifeln. Warum soll unsere Welt, die tausendmal komplexer ist, zufällig entstanden sein? Niemand würde, wenn er eine Uhr findet, glauben, dass das Uhrwerk zufällig entstanden ist. Und jeder Grashalm und jedes Blatt an einem Baum sind komplexer als ein Uhrwerk. Es ist doch schlichtweg unsinnig, hier auf einmal nicht mehr auf einen intelligenten Verursacher zu schließen. Wie kann man an diesem Weltgeheimnis ungerührt vorbeigehen? Ist das nicht, wie wenn ein Schiffbrüchiger auf einer einsamen Insel ungerührt an einem Fußabdruck am Strand vorbeiginge?«

Leise fügt er hinzu: »Kann es sein, dass wir eine Art Urheberphobie haben, eine Angst vor einem weit über uns stehenden personalen Gegenüber? Einem Urheber, der es wagen könnte, sich in unser Leben einzumischen? Dass wir durch allerlei Künste versuchen, vor dem Urheber zu fliehen? Entwirft nicht der einflussreiche Philosoph, von dem der alte Dachs gesprochen hat, eine dieser Künste, indem er den Urheber als Fantasiegebilde im Nichts verschwinden lässt? Und der bekannte Systemtheoretiker, der den Systemgeber für eine Illusion hält, um sein eigenes System bauen zu können? Der Medicus lässt den Sinngeber als Einbildung unserer Seele auf ewig abtauchen. Der konsequente Antiurheber erklärt den Urheber kurzerhand für tot.«

»Ich weiß nicht, ob ich überhaupt will, dass es einen Urheber, System- oder Sinngeber gibt. Es bereitet mir irgendwie Unbehagen, dass einige der intelligentesten Forscher nicht nur an einen Urheber glauben, sondern auch noch behaupten, persönlich mit ihm in Verbindung zu stehen«, überlegt Marie.

»Was stört dich daran?«, will Humen wissen.

»Es ist nicht nur so, dass ich nicht an einen Urheber glauben will, Humen. – Irgendwie hoffe ich auch, dass es keinen Urheber gibt. Ich will nicht, dass ein Urheber in mein Leben reinredet. Ich will für mich leben. Leben, wie ich will!«

Humen ist ein wenig erschrocken über Maries heftige Reaktion.

»Ich weiß auch nicht, ob ich will, dass es einen Urheber gibt. Vielleicht ist unsere Angst vor ihm verständlich. Wenn es einen Urheber geben sollte, können wir, solange wir ihn nicht kennen, nicht einmal wissen, ob er es gut mit uns meint. Vielleicht wollen wir einfach nicht, dass es einen Urheber gibt, weil wir selbst Urheber sein wollen. Könnte nicht unser Unabhängigkeitsverlangen ein starkes Motiv sein, um die Wirklichkeit des Urhebers zu bestreiten? Ist nicht jeder von uns auf der Flucht vor Wahrheiten, die ihm unvorteilhaft erscheinen?«

»Ich weiß nicht so recht. Ich bin hin- und hergerissen, Humen. Sollten wir nicht doch besser all diese Fragen beiseitelegen und einfach leben und Spaß haben, solange wir noch jung sind? Was hat uns die Wissenschaft denn hier zu sagen?«, wendet Marie ein.

»Marie, mir scheint es so, dass sich alle Wissenschaftler mit uns auf einer Entdeckungsreise befinden. Auf einer Reise, bei der der Ozean immer größer und geheimnisvoller wird. Der Bereich des Unbekannten umgibt uns wie der Ozean eine Insel. Wir können die Insel vergrößern, aber wir werden so nie viel vom Ozean verdrängen. Mit jeder Frage, die wir klären, ergeben sich fünf neue. Dazu kommt, dass Naturwissenschaften lediglich Antworten auf Fragen nach dem Wie geben. Sie können nicht erklären, warum und wozu es überhaupt etwas gibt und nicht vielmehr nichts. Oder warum das Universum so ist, wie es ist, und wozu es Leben gibt.«

»Wie meinst du das?«, fragt Marie.

»Die Naturwissenschaften können ein Brot analysieren, beschreiben und Wertvolles zu der Beschaffenheit und dem Wie des Brotes aussagen. Nicht aber, warum und zu welchem Zweck das Brot gebacken wurde. Dazu müssten wir den Bäcker fragen und…«

»Psst, Humen, sei mal leise. Hörst du das?«, unterbricht Marie.

»Da spielt jemand Geige. Das klingt schön und zugleich traurig.«

Die beiden haben den Fuchs schon fast vergessen, als dieser mit seiner Violine aus seinem Bau zurückkommt. Eine Weile hört man nichts anderes als die Klänge der Geige und alle drei scheinen ihren Gedanken nachzuhängen. Dann setzt der Fuchs die Geige ab und schaut sie an.

»Seit Jahrhunderten entdecken Wissenschaftler die elegante Schönheit in den mathematischen Formeln, die den Lebensraum unserer Welt beschreiben. Wenn wir unsere Welt betrachten oder in den Himmel blicken, wirkt es so, als wäre alles dazu gemacht, von uns entdeckt zu werden. Die Welt, in der wir leben, ist nicht nur zweckmäßig gemacht, sondern ein faszinierendes Kunstwerk voller Schönheit. Eine Schönheit, die uns irgendwie auf etwas Ewiges, Vollkommenes und Herrliches hinweist. Dass es mehr gibt als das, was wir sehen und verstehen können. Genau wie bei der Musik. Die Musik drückt das aus, was nicht gesagt werden kann und worüber wir nicht schweigen können. Die Musik ist wie unsere Welt und unser Leben ein Phänomen. Was die Klänge mit uns machen, ist geheimnisvoll. In der Musik erklingen Töne, die uns zu sagen scheinen:

Es gibt mehr, als du denken oder fühlen kannst. In der Musik nehmen wir wahr, dass Materie – hier im Sinne von Tönen – etwas in uns bewirkt, das nicht nur rein materiellen Ursprungs sein kann. Musik weist auf etwas Größeres hin. Musik ist ein Stoff des Himmels: die Macht, die uns das Gefühl gibt, dass etwas in der Welt in Ordnung ist, dass da etwas ist, dem wir vertrauen können und das uns niemals enttäuschen wird. Einige sehen in der Musik einen Hinweis und eine Art Wegweiser zum Urheber selbst.«

Nach diesen Worten setzt er seine Geige wieder an und spielt weiter. Humen und Marie sind so in ihre Gedanken vertieft, dass sie nicht einmal wahrnehmen, wie der Fuchs nach einer Weile die Geige absetzt und sich in seine Wohnung zurückzieht.

3

DIE WEISE EULE SOPHIA – BRENNPUNKTE DES LEBENS

Schwingungen des Lebens

Die Sonne ist schon fast untergegangen, als eine Eule an ihnen vorbeifliegt. Marie stupst Humen an: »Sind Eulen nicht für ihre Weisheit bekannt? Ist Weisheit nicht die Kunst, das Wichtige vom Unwichtigen unterscheiden zu können? In all dem Wissen das zu wissen, worauf es in der jeweiligen Situation ankommt?«

»Das stimmt, Marie. Vielleicht kann die Eule uns weiterhelfen, mehr über das Warum und Wozu des Lebens zu erfahren.«

»Hey, Eule!« ruft Marie laut. »Dürfen wir dich etwas fragen?«

Zunächst scheint es, als hätte die Eule sie nicht gehört, doch dann dreht sie einen eleganten Bogen und landet.

»Mein Name ist nicht Eule, sondern Sophia – was bewegt euch?«

»Wir suchen gemeinsam nach Antworten auf die großen Fragen des Lebens«, erklärt Humen.

»Aha, die großen Fragen des Lebens«, sagt die Eule und schmunzelt.

Doch Humen lässt sich nicht aus dem Konzept bringen.

»Ja, um über den Sinn des Lebens und einen möglichen Urheber mehr zu erfahren, waren wir zuerst beim alten Dachs. Von ihm lernten wir, wie berühmte Persönlichkeiten unser Denken über den Sinn und den Urheber prägen.«

»Dann gingen wir zum schlauen Fuchs Rationus«, fügt Marie hinzu. »Er hat mit uns über die Schönheit, aber

auch über die Grenzen naturwissenschaftlicher Erkenntnisse gesprochen.«

»Wer im Einklang mit sich selbst, den anderen Lebe-
wesen, seiner Umwelt und dem Urheber lebt, kann darin
Sinn und Bestimmung finden«, schuhut die Eule.

»Was hat denn Einklang mit meinem Leben zu tun?«,
fragt Marie kritisch.

»Jeder von uns durchlebt Brennpunkte, in denen wir
erschüttert werden. Zeiten, in denen wir aus dem ge-
wohnten Leben genommen werden und wie auf einer
Ersatzbank sitzen. In diesen Brennpunkten treffen wir
oft wegweisende Entscheidungen und verändern unsere Denkweise. Unsere Prioritäten und unser Lebensstil
werden herausgefordert. Gewohnheiten und Bezugs-
punkte ändern sich. Aus diesen Brennpunkten kommen
wir nicht so heraus, wie wir hineingegangen sind. Jeder
dieser Brennpunkte kann zum Wegweiser zu etwas ganz
Bedeutsamem werden. Die Art und Weise, wie wir in diesen Brennpunkten agieren, entscheidet darüber, was wir
lernen und welche Konsequenzen wir daraus ziehen. Oder
anders gesprochen: Welche Resonanz – also Schwingung –
rufen diese Brennpunkte in uns hervor? Klänge der Har-
monie oder Disharmonie?«

»Brennpunkte durchleben? Was soll das denn bedeuten?«, fragt Humen und runzelt die Stirn.

»Brennpunkte sind meist Krisen in unserem Leben.
Wir betreten sie oft gegen unseren Willen. Plötzlich befinden wir uns in einer Situation, die nach Antworten

verlangt. Einige dieser Situationen sind schmerzhaft und voller Leid. In jedem dieser Brennpunkte wartet Unerklärliches, Geheimnisvolles, ja auch Faszinierendes auf uns. In der Auseinandersetzung mit ihnen kann aber auch viel in uns für immer verloren gehen. Hier entscheiden wir über unsere Beziehung zu uns selbst, zu anderen, zu unserer Umwelt und nicht zuletzt darüber, ob es für uns einen Urheber gibt oder nicht.«

»Sophia, du meinst, wie wir auf das reagieren, was uns in diesen Brennpunkten begegnet, entscheidet darüber, was wir als Wahrheit sehen, was uns wertvoll ist und welchen Sinn oder Unsinn wir dem Leben zusprechen?«, fragt Humen skeptisch.

Die Eule schmunzelt. Die kritische Grundskepsis der beiden ist ihr sympathisch.

»Wenn ihr wollt, kann ich euch sieben Brennpunkte unseres Lebens aufzeigen und euch erzählen, was diese mit der Frage nach dem Sinn und dem Urheber zu tun haben. Sieben Brennpunkte des Lebens, in denen ihr die Möglichkeit habt, Entscheidendes für eure Fragen nach dem Leben zu entdecken – oder auch zu verlieren. Was dem Leben dient und was nicht.«

»Hm, das könnte interessant sein«, beschließt Marie.

»Ja, erzähl uns mehr davon«, stimmt ihr Humen zu.

»Jetzt muss ich mir erst Futter suchen, aber morgen mit den ersten Sonnenstrahlen können wir uns wieder treffen.«

Die drei verabschieden sich, und während die Eule sich wieder lautlos in die Lüfte schwingt, um ihre Kreise zu zie-

hen, trennen sich auch Marie und Humen, um ein paar
Stunden Schlaf zu finden.

Die Wahrheit und die Wirklichkeit

Als Sophia am nächsten Morgen gesättigt und munter von
ihrem nächtlichen Suchflug zurückkehrt, sieht sie die beiden schon von Weitem. »Guten Morgen, Sophia. Ich habe
vor lauter Spannung heute Nacht keine Sekunde schlafen
können«, sagt Humen und gähnt.

»Guten Morgen, ihr zwei. Keine Sekunde? Oder bist du
vielleicht nur noch ein wenig müde? Apropos wahr. Wie
wahr ist die Wahrheit, Humen?«

»Was ist denn das für eine Frage?«, fragt Marie und
schmunzelt.

Dann erzählt die Eule eine Geschichte aus einem fer-
nen Wald.

»Auf die Frage nach der Wahrheit gibt es unter uns
Eulen eine uralte Überlieferung: Mehrere Blinde stoßen
auf einen Elefanten, den sie dann betasten. ›Dieses Tier ist
so lang wie eine Schlange‹, erklärt der erste, der den Rüssel
des Elefanten betastet. ›Nein, es ist dick und rund wie ein
Baumstamm‹, sagt der zweite, der das Bein des Elefanten
befühlt. ›Nein, es ist groß und flach‹, erwidert der dritte
Blinde, der die Seite des Elefanten entlangstreicht. Jeder
der Blinden betastet nur einen Teil des Elefanten. Das
ganze Tier erkennt keiner.«

»Um die Frage nach der Wahrheit entbrennt ein unerbitt-licher Kampf«, fährt Sophia fort. »Die Blinden streiten. Jeder meint, seine Wahrnehmung sei die einzig richtige. Ebenso merkwürdig ist es zu meinen, den ganzen Elefan-ten erkannt zu haben, und den Unwissenden nun helfen zu wollen, das gesamte Bild zu erfassen. Etliche, die mit der Informationsweitergabe zu tun haben, scheinen hier ihre Berufung zu sehen.«

»Also hat jeder seine eigene Wahrheit?«, möchte Humen wissen.

»Die Elefantengeschichte verdeutlicht, dass alles aus unterschiedlichen Perspektiven betrachtet werden kann. Nicht wenige kommen daher zu dem Ergebnis: ›Jede Wahrheit ist nur die Wahrheit des jeweiligen Betrachters und daher immer relativ. Es gibt keine absolute Wahrheit, die für uns alle gilt.‹ Niemand könne sagen: ›So ist es‹, sondern lediglich: ›So sehe ich es gerade.‹ Alles sei im Fluss des Relativen. Nur Konstruktionen, die nicht Wahrheit abbilden, sondern nur unsere persönlichen Wahrnehmungen. Wahrheit sei wie ein Horizont, der immer vor einem liegt und stets sein Aussehen ändert. Das, was in meiner jeweiligen Lebensphase und meinem Lebensgefühl gerade stimmig ist. Sie passe sich der Richtung an, in die ich gerade gehe.«

»Und was sagen die gelehrten Philosophen dazu?«, fragt Marie neugierig.

»Eine neutrale Wissenschaft im Sinne einer absoluten Wahrheitsfindung oder Wirklichkeitsbeschreibung gibt es für die meisten Philosophen nicht. Ein bekannter Philosoph kommt daher zum Schluss, dass jede Art von Wahrheit zu sprechen nichts anderes sei, als über den anderen Macht und Zwang ausüben zu wollen.«[13]

»Wenn alle Wahrheitsbehauptungen Machtspiele sind, muss dies dann nicht ebenso für die Behauptung dieses Philosophen gelten? Ist dann seine Behauptung, dass jede Wahrheit Zwang ist, nicht auch Zwang?«, fragt Humen.

»Du hast recht, dieser Philosoph behauptet einerseits, es gebe keine Wahrheit, zugleich aber auch, dass seine Behauptung wahr ist«, stimmt Sophia ihm zu. »Wenn tatsächlich nichts wahr ist, kann selbst die Behauptung, dass es nichts Wahres gibt, nicht wahr sein. Zu sagen alle Wahrheit sei relativ, ist ironischerweise selbst eine Aussage, die für sich in Anspruch nimmt, nicht relativ zu sein.«

Humen blickt nachdenklich.

»Wenn jeder seine Betrachtungsweise hat und es keine allgemein gültigen Wahrheiten gibt, können wir dann noch unserem Denken über unsere Welt vertrauen? Kann man dann überhaupt nach einem gültigen Sinn und einem Urheber fragen?«

»Es gibt einen einflussreichen Philosophen, der zu dem Ergebnis kommt: ›Wir leben im Absurden und müssen lernen, ohne den Anspruch von Wahrheit zu leben.‹ Dieser Philosoph erkannte, dass eine stimmige Begründung objektiver Wahrheit nicht von subjektiven Wesen ausgehen kann, sondern etwas Absolutes, einen Urheber der Wahrheit, voraussetzt. Weil es für ihn einen Urheber nicht geben durfte, zog er den Gang ins Absurde vor.«[14]

»Klingt frustrierend. Gibt es dann überhaupt Wahrheiten, die für alle gültig sind?«, fragt Marie.

»Wir müssen unterscheiden. Sicherlich gibt es subjektive Wahrheiten. Beispielsweise, wenn es um unseren persönlichen Geschmack geht. Du meinst aber sicher die Frage, ob es Wahrheiten gibt, die gerade deshalb wahr sind, weil sie nicht subjektiv, sondern objektiv wahr sind. Auch wenn Wahrheit nur subjektiv erkannt werden kann, wird absolute Wahrheit dadurch nicht subjektiv. Gerade auf Wahrheiten, die uns allen gelten, können wir im Miteinander nicht verzichten.«

»Warum nicht, Sophia?«, fragt Humen.

Die Eule neigt ihren Kopf ein wenig zur Seite.

»Wo es keine gültige Wahrheit gibt, wird alles infrage gestellt und damit sind Werturteile unmöglich. Es gibt dann weder ›das Gute‹ noch ›das Böse‹ oder ›das Tugendhafte‹. Alles ist beliebig. Was gut oder böse, richtig oder falsch ist, kann ohne Wahrheit überhaupt nicht definiert werden. Ohne Wahrheit geht uns jeglicher Sinn verloren, denn Sinn kann ohne Wahrheit nicht beschrieben werden.«

»Sophia, was meinst du denn eigentlich, wenn du von Wahrheit sprichst?«, hakt Marie nach.

»Wahrheit bildet Wirklichkeit ab. Wahrheit ist die Übereinstimmung mit der Wirklichkeit, und zwar die Wirklichkeit so, wie sie ist, nicht so, wie wir sie gerne hätten. Die Gravitationskraft ist beispielsweise eine allgemein gültige Wahrheit. Sie wirkt unabhängig davon, ob wir das wollen oder nicht. Statische Gesetze sind Wahrheit. Gebäude, die unter Missachtung dieser Gesetze gebaut werden, sind einsturzgefährdet. Wahrheit ist das Echte im Gegensatz zum Schein. Wahrheit bringt Klarheit. Sie gibt Orientierung und sollte in einer Gesellschaft tragfähige Fundamente und Säulen bilden.«

»Mir ist so eine Art von Wahrheit eher unangenehm und lästig«, unterbricht Marie.

Sophia nickt. »Wahrheit kann überaus unangenehm sein. Sie deckt schonungslos auf, auch das, was man gar nicht hören oder sehen will. Dass jeder von uns mit jedem Tag älter wird und irgendwann sterben muss, ist eine solche Wahrheit. Die Wahrheit zu sagen, kann gefährlich sein. Sie steht oft gegen das, was wir wahrhaben wollen. Die Wahrheit nimmt keine Rücksicht auf Posten, Macht oder Ämter. Deswegen ist sie vor allem von Machthabern oft gefürchtet und wenig geliebt.«

»Ich habe mal den Spruch gehört: Die Wahrheit ist nicht immer gut, weil sie den Großen wehe tut«, ergänzt Humen.

»Die Wahrheit hat es nicht leicht. Nichts ist auf dieser Welt so gehasst und gefürchtet wie die Wahrheit. Vor allem, wenn sie uns den Spiegel vorhält. Wer will die Welt schon so sehen, wie sie ist? Verdrängung unangenehmer Wahrheiten ist eine verständliche Strategie. Das kann schon mit dem Blick auf die Waage beginnen. Die größte Vermeidung von Wahrheit beginnt dort, wo wir uns selbst belügen. Wahrheit geht jedoch mit Authentizität und Integrität einher. Daher beginnt sie nicht mit der Veränderung des anderen, sondern bei mir selbst. Auch das ist bereits eine Wahrheit, die nicht nur angenehm ist.«

»Deswegen ist es so wichtig, allen Wesen gegenüber einfach tolerant zu sein, dann ist alles gut«, stellt Marie fest.

»Wir umschreiben häufig unseren wahrheitslosen Zustand mit dem schillernden Begriff der Toleranz«, erwidert Sophia. »Solche Toleranz ist oft nichts anderes als ein Tarnwort für die eigene Standpunktlosigkeit. Diese

Standpunktlosigkeit führt konsequent weitergedacht zu Intoleranz. Denn wer selbst ohne eigene Überzeugung ist, billigt auch keine Überzeugung bei anderen. Eine Welt ohne Richtig und Falsch ist intolerant gegenüber festen Ansichten und Meinungen. Aber wer wird schon freiwillig zugeben, dass er keinen Standpunkt hat?«

»Ist Toleranz denn nicht grundsätzlich etwas Gutes?«, fragt Marie.

»Oft wird das Kappen lebenserhaltender Wurzeln unter dem Deckmantel der Toleranz verkauft. Die postmoderne Bedeutung von Toleranz verbietet es, eigenständige Überzeugungen zu haben. Echte Toleranz erweist sich gerade den Überzeugungen derer gegenüber, deren Meinung wir nicht teilen: Wir halten ihre Überzeugungen für irrig, achten sie aber dennoch. Der neue Begriff von Toleranz verbietet es jedoch, eigene Überzeugungen zu haben, weil jede Art von Überzeugung als intolerante Haltung verurteilt wird. Die Forderung, andere Überzeugungen zu achten, wurde zur Forderung, die eigenen Überzeugungen aufzugeben. Und wer sie dennoch vertritt, gilt als intolerant. Wer selbst keine Überzeugungen hat, sieht andere mit Überzeugungen als Bedrohung. Hier geht es um eine Art von ›Toleranz‹, die all denen, die nicht beipflichten, ihre Meinung verbieten will.« Sophia ergänzt: »Ihr fragt euch vielleicht, ob das mit der Wahrheit wirklich so bedeutsam ist. Deshalb will ich euch von der Wespe Wiebke erzählen.«

Marie und Humen sind gespannt.

»Ich erinnere mich, wie Wiebke von einem herab-
fallenden Stein in zwei Hälften zerteilt wurde. Sie achtete
nicht darauf, sondern fuhr mit dem Fressen fort. Erst als
sie wegfliegen wollte, begriff sie das Schreckliche, was ihr
widerfahren war. Es gibt Wahrheiten, die man erst dann erkennt, wenn man wieder ins Leben abheben will und feststellen muss, dass sich etwas Grundlegendes geändert hat.«

Die kleine Ameise und der Marienkäfer sind schockiert.
Doch Sophia fährt fort.

»Ein berühmter Schriftsteller meinte, dass die Infragestellung jeglicher Wahrheit ein zerstörerisches Motiv in
sich trägt. Damit haben wir so lange an dem Ast gesägt,
auf dem wir sitzen, bis wir herunterfielen. Jedoch hatten
wir uns die Landung ganz anders vorgestellt: Der Boden,
auf dem wir landeten, war kein Rosenbeet, sondern eine
Jauchegrube voller Stacheldraht.«[15]

»Warum wirkt die Infragestellung von Wahrheit zer-
störerisch?«, wirft Marie ein und denkt immer noch an
Wiebkes Schicksal.

Die Eule sieht sie traurig an.

»Wie soll eine Welt, die alles infrage stellt und damit an
nichts Allgemeingültiges mehr glaubt, an sich selbst oder
ihre Zukunft glauben? Eine Welt, der nichts mehr heilig
ist, hat ihre Prägekraft für ein sinnvolles und stabiles Miteinander verloren. Nichts mehr als wahr anzuerkennen,
ist nicht weniger als die Flucht vor unangenehmen Wahrheiten. Wenn man nicht hören will, was einem hilft, kann
einem nicht mehr geholfen werden.«

»Und was bedeutet das für mein Leben?«, fragt Humen.

»Wenn du objektiv gültige Wahrheiten verdrängst oder ignorierst, wirst du schwach. Wenn du wahrhaftig handelst, macht du ganz, was kaputt ist. Wo Wahrheit gesprochen wird, entfaltet sich eine Dynamik, in der sich das Leben Bahn bricht. Wahrheit bedeutet, sein Leben so auszurichten, dass es funktioniert. Unterschätze nie die Kraft der Wahrheit. Es ist keine bessere Welt möglich als die, die sich auf die Wahrheit gründet. Auch wenn du einen Preis dafür zu bezahlen hast. Du musst bereit sein, die Wahrheit zu akzeptieren und für sie aufzustehen. Die Wahrheit zu sagen, ist immer ein Risiko. Noch viel gefährlicher ist es aber, aus Angst, etwas Falsches zu sagen, nichts zu sagen. Wenn du nicht für deine Meinung einstehst, wirst du die Achtung vor dir selbst verlieren. Du solltest keine Angst vor der angeblichen Meinung einer andersdenkenden Mehrheit haben. Du solltest Angst davor haben, das nicht zu sagen, was um der Wahrheit willen gesagt werden muss. Du leistest keinen wirksamen Beitrag in unserer Welt, wenn du die Wirklichkeit unserer Welt nicht zu dir sprechen lässt.«

Humen läuft ein kalter Schauer den Rücken hinunter. Solche klaren Worte hat er von der Eule nicht erwartet.

»Wenn dein Leben nicht das ist, was es sein könnte, dann versuche die Wahrheit zu sagen«, fährt Sophia fort. »Wenn du dich in einer Scheinwelt festklammerst, versuche die Wahrheit zu sagen. Wenn du dich schwach und verschmäht fühlst, verzweifelt und verwirrt, versuche die Wahrheit zu sagen.«

Noch bevor Humen reagieren kann, wendet sich die Eule an Marie.

»Marie, Wahrheit richtet sich nicht nach uns, wir müssen uns nach ihr richten. Wer den Bezug zur Wahrheit verliert, verliert die Wirklichkeit. Wahrheit ist alternativlos. Wer auf einem tragfähigen Fundament leben will, kann auf sie nicht verzichten. Illusionen verbergen die Wahrheit, weil sie die Wirklichkeit nicht wahrhaben wollen. Wenn Wahrheit Wirklichkeit abbildet, kann jeder, der der Wahrheit folgt, Wirklichkeit erkennen. Wenn unser Leben tatsächlich für einen höheren Sinn bestimmt ist und dieser Sinn mit dem Urheber in Verbindung steht, kann diese Wirklichkeit auch als Wahrheit erkannt und erfahren werden. Wenn es eine einheitliche Quelle aller Wirklichkeit gibt und wir unseren Verstand von dieser Quelle bekommen, können unsere Überzeugungen vertrauenswürdig und wahr sein. Wer die Wahrheit sucht, der sucht hinter der Quelle der Wahrheit den Urheber aller Dinge – ob es ihm bewusst ist oder nicht.«

Marie und Humen sind ein wenig irritiert. Die Eule scheint nicht nur ein tiefes Wissen über die Bedeutung von Wahrheit zu haben, sondern auch die Weisheit darüber, was die Wahrheit mit ihrem Leben als Humen und Marie zu tun hat. Die beiden beschleicht das Gefühl, dass es Wahrheiten gibt, die unangenehm und zugleich befreiend und heilsam sind. Sophia ist bewusst, dass sie zur Wahrheit noch lange nicht alles gesagt hat, dennoch setzt sie zu ihrem zweiten Brennpunkt an.

Die Vernunft und das Herz

»Auch den zweiten Brennpunkt möchte ich mit einer Frage beginnen: Wie vernünftig ist unsere Vernunft? Und was hat unsere Vernunft mit eurer Frage nach dem Sinn und nach einem Urheber aller Dinge zu tun?« Dann erklärt sie: »Wenn es einen Urheber aller Dinge geben sollte, hat er uns mit der Fähigkeit der Vernunft und des Verstandes ausgestattet. Dann ist Vernunft wie auch Verstand eine Gabe des Urhebers an uns.«

»Vielleicht ist unser Gehirn extra in unserem Kopf fest eingeschlossen, damit wir es nicht ablegen können? Quasi mit der ausdrücklichen Anweisung vom Urheber, unser Gehirn auch ja zu gebrauchen«, sagt Marie lachend.

»Was ist denn der Unterschied zwischen Vernunft und Verstand? Ich dachte immer, das sei das Gleiche«, fragt Humen verwirrt.

Sophia freut sich, dass die Diskussion immer mehr in Fahrt kommt.

»Vernunft (*intellectus*) gilt als die Fähigkeit, übergeordnete Sinnzusammenhänge zu verstehen. Der Verstand (*ratio*) hingegen ist die Fähigkeit, das Was und Wie einer Sache zu beurteilen. Der Verstand fragt nach dem Wie, die Vernunft nach dem Warum. So dient der Verstand beispielsweise den Fragen technischer Machbarkeit und die Vernunft der Frage der Sinnhaftigkeit. Naturwissenschaft ist verstandesbetont. Bestimmend ist hier die Frage, wie etwas funktioniert und besser gemacht werden kann, aber nicht, ob es überhaupt vernünftig ist. Einige Wissenschaftler haben mit großem Verstand, aber kleiner Vernunft die irrsinnigsten Dinge entwickelt, die Millionen Leben kosteten.«

»Wenn wir alle durch einen megagroßen Zufall entstanden sind, dann sind ja auch unser Verstand und unsere Vernunft zufällig entstanden. Wenn aber meine Vernunft nichts anderes ist als ein Zufallsprodukt, wie viel Vertrauen kann ich dann in meine Vernunft haben? Wie vernünftig ist dann meine Vernunft? Kann ich verständiger sein als die Welt, aus der ich hervorgegangen bin?«, überlegt Humen.

»Was willst du damit sagen, Humen?«, fragt Marie.

»Wie kann beispielsweise eine mathematische Gleichung, erdacht vom Verstand des schlauen Fuchses, mit den Vorgängen unserer Welt übereinstimmen, die aus sich selbst keinen Verstand erzeugen kann? Wie können Rationus oder andere Forscher mit ihrem Geist unsere Welt untersuchen und zu der Schlussfolgerung kommen, dass es in unserer Welt keinen Geist gibt? Ist die Welt, die uns hervorgebracht haben soll, ›dümmer‹ als wir?«

»Humen, ich verstehe immer noch nicht, was du eigentlich sagen willst.«

Sophia hat aufmerksam zugehört. »Wenn ich niese, kann das eine körperliche Reaktion auf die Reizung meiner Schleimhäute sein«, sagt Sophia. »Wenn wir aber miteinander sprechen und dabei mit unserem Verstand denken, ist das etwas anderes. Das hat etwas mit unserem Geist zu tun und nicht allein mit Materie, die auf irgendetwas reagiert. Es gibt den Geist – was immer das ist – und Geist ist nicht gleich Materie. Unser Geist mit seinem Bewusstsein liegt jenseits wissenschaftlicher Erklärbarkeit. Wir können unsere Fähigkeiten zu denken entwickeln, erzeugen diese aber nicht.«

Sophias Gedanke fasziniert Humen.

»Wenn ich das Produkt eines willkürlichen Prozesses bin, lediglich eine Ansammlung von Materie, gibt es allen Grund, die Zuverlässigkeit meiner denkerischen Fähigkeiten anzuzweifeln. Wie kann ich begründen, dass mein Denken, das durch die Materie in meinem Gehirn gesteuert ist, zu glaubhaften Vorstellungen führt? Kann ich der Materie trauen? Wenn ja, warum?«, fragt er.

»Eine rein materielle Begründung unseres Lebens führt in eine Sackgasse. Das Leben lässt sich damit nicht erklären. Eine weise Eule sprach von zwei Arten unseres Denkens:[16] einer Denkart des Verstandes, die eine Art Mathematik des Lebens sei. Dieses Denken helfe uns, Gedanken zu ordnen, Daten zu prüfen und Abläufe effektiv zu gestalten. Es sage uns beispielsweise, dass man nicht gleichzeitig auf dem Berg und im Tal stehen kann. Zum anderen gebe es aber auch die Logik des Herzens. Diese Herzenslogik habe einen bedeutsamen Erkenntniswert.«

»Worin liegt der Erkenntniswert dieser Herzenslogik?«, fragt Humen und legt eines seiner Vorderbeine auf seine Brust.

»Über etwas Frieden oder Unfrieden im Herzen zu haben, kann tiefer reichen als die mit dem Verstand darüber gewonnenen Erkenntnisse. Beispielsweise kann eine Bemerkung als taktlos empfunden werden, ohne jedoch das Für und Wider mit logischen Argumenten begründen zu können. Die Erkenntnis des Herzens kann der rein logischen, aus der Vernunft stammenden Erkenntnis überlegen sein, da das Herz Regungen, Gefühle und Atmosphäre wahrnimmt, die mitunter wesentlicher sind als das formell Gesagte. Wahrnehmungen des Herzens können Wahrheiten berühren, an die der Verstand nicht heranreicht. In diesem Sinne kann man von einer Herzensintelligenz sprechen.«

»Herzensintelligenz?«, unterbricht Marie.

»Für die großen Fragen des Lebens benötigen wir beides. Herz und Verstand. Was nützt ein hoher Verstand, wenn man ein herzloser Trottel ist? Schlau kann sehr dumm sein. Dem Herz ohne Verstand fehlt der Durchblick, dem Verstand ohne Herz fehlt der Weitblick. Wer die Vernunft zum beherrschenden Prinzip der Welt erklärt, fährt an die Wand. Es fehlt dann eben der Weitblick. Wer sein Leben mit bloßem Verstand zu ergründen sucht, fehlt der Blick für das Wesentliche. Er wird am wahren Leben scheitern.«

»Gibt es eine solche Herzenslogik oder Herzensintelligenz auch bei naturwissenschaftlichen Erkenntnissen?«, fragt Marie und erinnert sich an den schlauen Fuchs.

»Auch bei naturwissenschaftlichen Erkenntnissen gibt es Aha-Erlebnisse, die nicht Ergebnis intellektueller Bemühungen sind. Eine Anekdote beschreibt, wie mal der Urahne vom schlauen Fuchs in einer Wanne gelegen haben soll und dabei bemerkte, wie sein Körper das Wasser verdrängte, das aus der Wanne floss. Wie vom Blitz getroffen, sprang er aus der Wanne und rannte umher. Dabei schrie er laut ›Heureka! Heureka!‹, was bedeutet: ›Ich hab's gefunden! Ich hab's gefunden!‹ Der Fuchs wusste durch einen – wie wir sagen – Geistesblitz, dass er anhand der Menge des verdrängten Wassers das Volumen eines Körpers bestimmen konnte.[17] Zahlreiche Entdeckungen der Wissenschaft kamen so aus einem oft abenteuerlich wirkenden Geistesblitz hervor.«

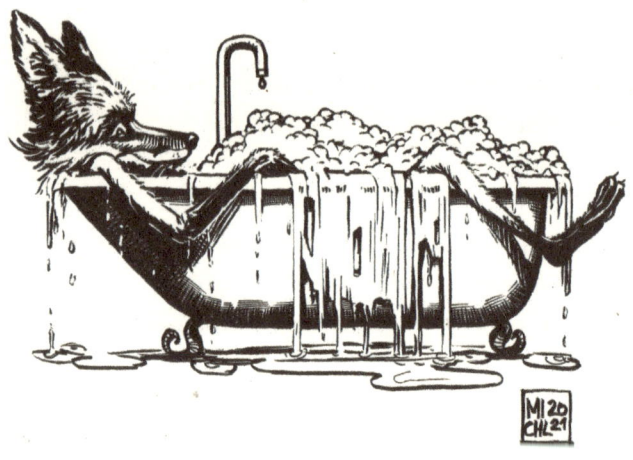

»Und was bedeutet das alles in Bezug auf unsere Frage nach dem Sinn und einem Urheber des Lebens?« Erwartungsvoll rückt Humen noch ein wenig näher an Sophia heran.

Sophia holt tief Luft.

»Mit dem Verstand allein kann die Frage nach dem Sinn des Lebens nicht beantwortet werden. Für Sinnfindung braucht es Kopf und Herz. Jemand sagte mal, dass man nur mit dem Herzen gut sieht und das Wesentliche für das Auge unsichtbar ist.[18] Sinn muss auch mit dem Herzen erschlossen werden. Wenn Sinnlosigkeit das Problem ist, liegt in unserem Herzen die Lösung. Die Frage nach Sinn oder dem Urheber des Lebens ist nicht eine Frage nach der Bindung unseres Kopfes, sondern nach der Bindung unseres Herzens. Die zentrale Frage ist also: ›Woran binde ich mein Herz?‹«

Mittlerweile steht die Sonne hoch am Himmel und Sophia schließt geblendet die Augen.

»Lasst uns am Abend weitersprechen. Ich muss schlafen. Denkt ein wenig über meine Worte nach.«

Ohne eine Antwort abzuwarten, schwingt sich die Eule in die Luft und steuert das dichte Blätterdach des nächsten Baumes an.

»Das mit der Wahrheit und dem Herzen ist interessant. Wahrheit zu erkennen – mit Verstand und Herz – scheint wichtig zu sein«, sinniert Marie.

»Ja«, antwortet Humen. »Vielleicht hat die Eule ja recht, dass sich die großen Fragen des Lebens in erster Linie durch das Leben selbst erschließen.«

Die beiden Freunde machen sich auf den Weg nach Hause. Marie verliert sich in wilden Spekulationen, worum es heute Abend gehen wird. Vielleicht um Gesundheit oder Nahrung?

Währenddessen ertönt in Humens Kopf eine schöne Melodie. Im Stillen denkt er sich: Ist das nicht das Lied, das der Fuchs auf seiner Geige gespielt hat? Es hat mich so traurig gemacht und doch habe ich eine hoffnungsvolle Sehnsucht gespürt. Die Eule hat recht: Anstatt die Töne mit meinem Verstand zu analysieren, habe ich etwas gespürt und mit dem Herzen erkannt, das mein Innerstes widerspiegelt. Wie geht es mir mit diesen Fragen nach dem Sinn oder einem Urheber? Will ich nur Antworten mit meinem Verstand finden oder bin ich auch bereit, mich mit meinem Herzen darauf einzulassen? Kann es sein, dass mein Verstand zu verdreht und mein Herz zu verhärtet ist, um den Urheber erkennen zu können?

Der Wert und die Würde

Als Marie Humen am Abend abholt, stellt sie zufrieden fest: »Diese Exploration wird immer spannender!«

Wieder auf dem Hügel angekommen, hat die Eule ihnen bereits ein gemütliches Plätzchen in der Abendsonne eingerichtet. Humen denkt nach, wieso er den Sonnenuntergang, der gerade die Wolken rötlich bemalt, so schön findet. Er spürt die angenehme Wärme der letzten Sonnenstrahlen auf seinem Körper, als die Eule zu reden beginnt.

»Heute Abend möchte ich mit euch über fünf weitere Brennpunkte des Lebens sprechen. Brennpunkte, die unser Leben erhellen, aber auch verdunkeln können. Sie geben uns wie die Sonne Licht und Wärme, können aber auch dunkle Schatten auf die großen Fragen unseres Lebens und die Frage nach einem Urheber aller Dinge werfen.«

»Wie lautet der nächste Brennpunkt? Ist es was mit Essen?«, fragt Marie gespannt. Sophia schüttelt den Kopf.

»Was bist du wert, Marie?«, fragt sie.

»Wie meinst du das?«, erwidert diese skeptisch.

»Was bist du wert und wer bestimmt deinen Wert? Wäre dein Wert bestimmt von dem Gewicht, das du auf die Waage bringst, wärst du sehr wenig wert. Auch aus der Perspektive der reinen Chemie bist du wenig wert. Für jemanden jedoch, der dich liebt, bist du unbezahlbar.«

Humen umarmt Marie. »Für mich zum Beispiel!«

»Der Wert von etwas oder von jemandem ist davon bestimmt, was jemand bereit ist, dafür zu bezahlen. Humen, was wärst du bereit für Marie zu geben?«

»Wenn es sein muss, mein Leben«, erwidert Humen mit fester Stimme.

Marie blickt gerührt und ein wenig verlegen zu Boden.

»Die Frage, was wir wert sind, führt zu der Frage, wer uns überhaupt will. Wem ist es nicht egal, dass wir leben? Sind wir lediglich ein ungewolltes Produkt des Zufalls oder gewollt?«, doziert Sophia weiter.

»Von wem gewollt?«, fragt Marie und hebt hoffnungsvoll ihren Kopf.

»Vom Urheber. Ob wir nur zufällig da sind oder gewollt von einem Urheber, macht in der Frage nach unserem Wert den entscheidenden Unterschied. Steht über deinem

Leben ›Marie ist gewollt vom Urheber‹ oder ›Marie ist nur zufällig da‹? Eine solche Sichtweise kann nicht hoch genug eingeschätzt werden, wenn jeder seinen unvergleichlichen Wert und Würde vom Urheber aller Dinge zugesprochen bekommt.«

»Warum soll das so bedeutungsvoll sein?«, fragt Humen und wirkt nicht überzeugt.

»Wenn jede Kreatur vom Urheber gemacht ist, steht über jedem von uns ›gewollt vom Urheber‹. Dann ist jeder auch eine Spur zum Urheber. Wir können nichts vom Urheber wissen, wenn wir die Spur des Urhebers nicht wahrnehmen wollen, die wir selbst sind. Wie können wir wissen, wer wir wirklich sind, ehe wir nicht erkennen, dass wir vom Urheber gewollt sind?«

»Und was hat das mit meinem Wert und meiner Würde zu tun?«, fragt Marie.

»Wenn du vom Urheber aller Dinge gewollt bist, kannst du wissen, dass nicht nur du, sondern auch dein Gegenüber unsagbar wertvoll ist«, sagt sie liebevoll. »Dann weißt du, dass auch der andere Achtung verdient, ein Recht hat zu leben und eine unveräußerliche Würde besitzt. Dass uns als Geschöpfe diese gemeinsame Würde verbindet und dass Gewalt und Unterdrückung anderer falsch ist. Gibt es eine größere Wertschätzung, als vom Urheber aller Dinge gewollt zu sein? Können wir noch höher geadelt werden? Meines Erachtens hat keine einzige Aussage über uns mehr Kraft als die, dass wir heilig sind, weil der Urheber jeden von uns gewollt hat.«

»Was bedeutet ›wir sind heilig‹?«, fragt Humen.

»Wenn jeder von uns vom Urheber geschaffen wurde, ist jeder von uns heilig, das bedeutet zu ihm gehörend und damit unantastbar und wertvoll. Dann ist keiner von uns ein biochemischer Zufall, der vergeht und dann möglichst kostengünstig entsorgt werden muss.«

»Eigentlich sollte doch die Würde eines jeden unantastbar sein«, sagt Marie berührt.

»Eigentlich sollte sie das, ja«, sagt Sophia seufzend. »Ausgehend von der gelebten und erfahrenen Wirklichkeit müsste es allerdings leider heißen: Die Würde eines jeden ist antastbar. Das hat unsere Geschichte leider gezeigt. Unsere Welt ist nur gefestigt, solange eine stabile Mehrheit ihrer Bewohner sich für das entscheidet, was auch tatsächlich dem Wert und der Würde eines jeden entspricht.«

»Kommt den Kranken und Schwachen der gleiche Wert zu? Ist der Kranke nicht dazu bestimmt zu sterben, damit das Gesunde sich erhalten kann? Wie siehst du das, Sophia?«, fragt Humen und erinnert sich an ein paar Lehreinheiten seiner Kundschafterausbildung über den Kreislauf der Natur.

»Wenn du von der Perspektive zufälliger Entwicklung aus denkst, kann man das so sehen. Vom Urheber aus ist der Respekt und die Würde eines jeden nicht nur gewahrt und begründet, sondern verordnet. Auch Alte, Schwache und Hilfsbedürftige erhalten vom Urheber ihren einzigartigen Wert. Unabhängig davon, ob er arm oder reich, groß oder klein, weiß oder schwarz, männlich oder weiblich ist, er ist und bleibt ein vom Urheber gewolltes Geschöpf. Gerade indem wir dem Schwachen seine Würde erhalten, können wir etwas vom Urheber entdecken. Ein weiser Uhu sagte einmal, dass man den Wert unserer Welt daran erkennt, wie sie mit dem Schwächsten ihrer Glieder verfährt.«[19]

»Wie gelingt es uns, Wert und Würde zu bewahren?«, fragt Marie.

»Wenn wir uns den Bezug zum Urheber erhalten, gibt uns das eine Basis, um über Wert und Würde oder die Einzigartigkeit eines jeden Einzelnen zu sprechen. Ohne den Urheber ist es quasi unmöglich, den Wert und die Würde des Einzelnen zu begründen und gegen den bloßen Zufall unseres Lebens zu argumentieren.«

»Aber wer bestimmt, welcher Wert wertvoll ist?«, fragt Humen.

»Werte sind letztlich das Ergebnis einer Wertung, das heißt die Bevorzugung einer Handlung vor einer anderen. Die Werte selbst wiederum setzen die Grundlagen, anhand derer Wertungen vorgenommen werden. Wertungen basieren auf Werten und Werte entstehen durch Bewertungen – sie bedingen sich also gegenseitig. Und da unsere Wertungen subjektiv sind, brauchen wir einen externen Maßstab. Wer meint, ohne den Urheber als den Geber der Werte auszukommen, traut sich viel zu. Ohne Werte ist alles wertlos – auch wir. Wo alles gleich gültig ist, ist auch alles gleichgültig. Wer meint, Werte seien relativ, gibt die Unterscheidung von Recht und Unrecht, Richtig und Falsch, Gut und Böse auf. Es gibt beispielsweise Werte wie Gerechtigkeit, Freiheit, Gleichheit, Wohlstand, Nächstenliebe oder Barmherzigkeit, die nicht hinterfragt werden dürfen, da sie vom Urheber gesetzt sind.«

Sophia macht eine kurze Pause.

»Der Brennpunkt hier besteht darin, sich selbst, aber auch den anderen als eine vom Urheber gewollte Kreatur zu verstehen«, fasst sie zusammen. »Über jedem ein ›vom Urheber gewollt‹ zu sehen. Zu erkennen, dass damit der Wert und die Würde eines Jeden begründet und verankert sind. Dies fordert uns dazu auf, einander respektvoll zu begegnen und davon auszugehen, dass jeder den gleichen Wert und die gleiche Würde hat. Wo dies geschieht, entwickelt sich unsere Welt so, dass alle Kreaturen gerne darin leben.«

Die Moral und der Maßstab

»Lasst uns noch über einen weiteren, vierten Brennpunkt sprechen und danach eine Pause machen. Wir könnten ja dann zusammen essen.«

»Ja, bei Carlo unten am Waldrand?«, ruft Marie freudig.

»Gerne. – Beginnen möchte ich mit einer kleinen Geschichte: Vor einigen Jahren flog ich an einem Geschäft vorbei, in dem es wunderbare Edelsteine zu kaufen gab. Nach einiger Zeit bemerkte ich, dass niemand in dem Geschäft war. Wie sich später herausstellen sollte, hatte der Besitzer vergessen, die Tür abzuschließen. Zahlreiche kostbare Edelsteine lagen in einer auf der Rückseite ungeschützten Vitrine. Ein kurzer Griff hinter die Vitrine, nur einige wenige Edelsteine, und sämtliche Lebenshaltungskosten meiner vierköpfigen Familie für ein ganzes Jahr wären mehr als gedeckt gewesen. Nur wenige Zentimeter trennten mich von den Edelsteinen. Würdet ihr zugreifen, wenn ihr absolut sicher sein könntet, dass euch niemand erwischt?«

»Kommt darauf an, wie leer mein Portemonnaie ist«, antwortet Humen grinsend, und Marie zögernd: »Naja, wenn die echt schön sind. Was hast du getan, Sophia?« »Aber bitte ehrlich«, fügt Humen hinzu.

»Ich muss zugeben, ich war versucht, ein paar Edelsteine zu nehmen. Wann kommt schon so eine Gelegenheit wieder?«, gesteht die Eule. »Dann dachte ich: Wenn das der Urheber sieht.«

»Was hat der Urheber damit zu tun?«, fragt Marie überrascht.

»Ein wegweisender Philosoph meinte, dass wir in der Natur sehen, dass es allgemein gültige Gesetze gibt. Er fragte sich: Gibt es dann auch ein allgemein gültiges moralisches Gesetz, das uns allen gilt?«

»Ein moralisches Gesetz?«, grübelt Humen.

»Dieser Philosoph nannte das: Handle so, dass die Maxime deines Willens jederzeit zugleich als Prinzip einer allgemeinen Gesetzgebung gelten kann.[20] Oder wie wir es heute allgemein verständlicher sagen: Was du nicht willst, was man dir tu, das füg auch keinem andern zu«, erwidert Sophia.

»Der Philosoph fragte darüber hinaus: Warum sollen wir moralisch handeln, wenn es unserem Leben oder gar Überleben schadet? Warum sollte jemand nicht stehlen, wenn er zu hundert Prozent davon ausgehen kann, nicht erwischt zu werden? Wieso sollte ein Mord, wenn er mir nützt, nicht eine legitime Möglichkeit der Selbsterhaltung sein? Woher kommen diese Kontrollmechanismen in uns, wie Gewissen, Schuldgefühl oder Scham?«

»Schön und gut, aber was hat der Urheber damit zu tun?«, fragt Marie erneut ungeduldig.

»Der einflussreiche Philosoph meinte, wenn nach dem Tod alles vorbei ist, sei moralisches Handeln, das dem Leben Nachteile einbringt, zutiefst unvernünftig. Wenn es keine Instanz gibt, vor der ich mich spätestens nach dem Tod zu verantworten habe, warum sollte dann nicht alles erlaubt sein? Ich darf mich nur nicht erwischen lassen. Besagte Instanz konnte für diesen Philosophen nur der Urheber selbst sein.«

»Okay, das sagt also der Philosoph. Und was glaubst du, Sophia?«, will Marie wissen.

»Es geht nicht darum, alles aus dem jetzigen Leben herauszuholen, sondern auch das zu tun, was in Anbetracht der Ewigkeit Bedeutung hat«, antwortet die Eule nachdenklich. »Für mich ist sowohl der Blick nach außen in das Universum als auch der Blick nach innen in unsere moralischen Gesetze ein Hinweis auf einen einzigartigen Urheber.«

Einen kurzen Moment schweigt die kleine Gruppe.

»Als ich mit euch über Wert und Würde des Einzelnen gesprochen habe, sagte ich, dass wir ohne einen Wertegeber und ein Wertesystem keine Unterscheidung von Gut und Böse machen können«, fährt Sophia fort. »Oder anders gesprochen: Wenn es keinen Urheber gibt, ist alles erlaubt. Wenn unser moralisches Handeln vom Urheber losgelöst wird, verliert dann Moral nicht ihren Bezugspunkt? Was dem einen heilig ist, ist dem anderen abscheulich. Jeder bestimmt dann selbst, was für ihn moralisch ist. Eine Privatisierung der Moral führt unweigerlich zum Verlust gemeinsamer Werte und Normen.«

»Wieso sollten wir Moral von einem Urheber abhängig machen? Kann ich Moral nicht aus der Natur ableiten?«, fragt Humen skeptisch.

»Es ist ähnlich wie bei unserem letzten Brennpunkt. Wenn alles, was existiert, nur ein geist- und seelenloses, ineinandergewobenes Geschehen ist, besteht nicht der geringste Grund anzunehmen, unser Gefühl für das Angemessene könne uns irgendeine Auskunft über eine allgemein gültige Moral geben. Wie soll uns die amoralische und unpersönliche Materie einen Sinn für Verpflichtung oder Moral auferlegen?«, erwidert die Eule.

»Moral hat sich eben zufällig entwickelt – sie ist einfach da«, schlägt Marie vor.

»Wenn sich Moral zufällig entwickelt haben sollte, dann wäre sie nicht absolut, sondern relativ«, entgegnet Sophia. »Was heute richtig ist, wäre morgen falsch – und umgekehrt. Wenn Moral ein Produkt zufälliger Entwicklung ist, mit welchem Recht können wir daraus einen für alle gültigen Anspruch erheben? Wer kann uns dann sagen, was richtig und was falsch ist?«

»Ich weiß instinktiv, was richtig und falsch ist – das liegt in meinen Genen«, wagt Marie einen neuen Versuch.

»Die Behauptung, die Moral liege in unseren Genen oder Gehirnimpulsen, gibt keine Antwort auf die Frage, woher unser moralisches Bewusstsein kommt. Gerade unser moralisches Bewusstsein ist ein starkes Indiz dafür, dass es eine moralisch letzte Instanz geben muss, die außerhalb unserer selbst steht und für Gut und Böse einsteht. Was moralisch richtig oder falsch ist, lässt sich nicht durch Interaktion physikalischer Einheiten erklären. Oder anders gesprochen: Moralische Fakten sind Werturteile über physikalische Fakten. Die Wissenschaft kann uns sagen: Wenn wir jemandem Strychnin in ein Getränk mischen, stirbt diese Person. Die Wissenschaft sagt uns aber nicht, ob man das Strychnin in Omas Tee mischen sollte oder nicht, wenn man auf ihr Erbe aus ist.«

»Ist es nicht unsere Vernunft, die uns zeigt, was moralisch und unmoralisch ist?«, schlägt Humen vor.

Aber auch diese Erklärung findet die Eule nicht befriedigend.

»Zu meinen, Vernunft würde uns dazu anleiten, einen gemeinsamen Moralkodex zu kreieren, ist ein Trugschluss. Das belegt die Geschichte anschaulich. Was wurde nicht alles im Namen der Vernunft begründet und brachte Unterdrückung, Terror und Verwüstung. Die reine Vernunft, auch bei guter Kenntnis aller Fakten, macht aus uns keine moralischen Wesen.«

»Ich finde, was die Mehrheit in unserer Zeit als moralisch anerkennt, ist moralisch. Und was die Mehrheit denkt, zeigen Umfrageergebnisse«, befindet Marie.

Hastig hebt Sophia einen ihrer Flügel. »Ob etwas richtig oder falsch ist, kann nicht von der Meinung einer Mehrheit abgeleitet werden, Marie. Ein weiterer Blick in die Vergangenheit lehrt eindrücklich, dass Mehrheiten schon oft fatale moralische Entscheidungen getroffen haben. Mehrheiten können sehr unmoralisch entscheiden. Sie können nicht nur irren, sondern auch abscheuliche Taten legitimieren oder stillschweigend zulassen. Moralische Werte werden nicht geschaffen, auch nicht von Mehrheiten, sondern sie werden entdeckt. Moral kommt nicht aus einem gemeinsamen Konsens, sondern aus einer Art demütiger Unterstellung. Ein Sich-Eingestehen, dass wir Werte benötigen, die uns von außen zugesprochen werden.«

»Und das geschieht gegen meinen Willen?«, ruft Marie empört.

Die Eule lässt sich nicht aus der Ruhe bringen.

»Wo wir nicht auch bereit sind, Gegenstand fremden Willens zu sein und uns gemeinsamen Werten zu unterstellen, ist gemeinsames Leben nicht realisierbar«, antwortet die Eule leise, aber bestimmt. »In gewissem Sinne ist das eine Zumutung. Eine Zumutung, ohne die ein würdiges Miteinander in Freiheit nicht möglich ist. Gemeinsame moralische Werte rufen zur gemeinsamen moralischen Verantwortung auf. Wer behauptet, jeder könne seiner eigenen Moral folgen und niemand dürfe einem anderen Moralvorstellungen auferlegen, muss sich unangenehme Fragen gefallen lassen.«

»Was für unangenehme Fragen meinst du?«, fragt Humen.

»Woher wissen wir, dass Unterdrückung von Schwachen schlecht ist? Warum sollen Kinder nicht misshandelt werden? Wer unter uns sollte das Recht haben, ›Gesetze‹ zu erlassen, denen man gehorchen muss, beispielsweise Schwache und Kinder zu schützen? Und warum? Entweder existiert ein Urheber oder nicht, aber wenn er nicht existiert, dann kann nichts und niemand anderer seinen Platz einnehmen. So wie die Dinge heute stehen, scheint alles erlaubt zu sein. Und doch: Der Anteil derer unter uns, der Gewalttaten und Missbrauch verurteilt, dürfte sehr hoch sein – und das, ohne dass wir gemeinsam einen Kurs über Gut und Böse absolviert hätten. Es ist böse, Bomben auf Kinder zu werfen. Es ist böse, die Armen verhungern zu lassen. Es ist verwerflich, andere wie Waren zu verkaufen. Es gibt so etwas wie das Böse. Doch die alles bestimmende Frage lautet: Wer sagt das? Woher haben wir eine solche innere ethische Checkliste? Woher kommen die Verkehrsschilder in uns? Warum stimmen die meisten unter uns in wesentlichen Bereichen überein?«, will Sophia wissen.

Auf diese Fragen haben Marie und Humen keine Antwort.

»Objektive Moral ist real«, fährt Sophia fort. »Wir finden sie vor, wir erfinden sie nicht. Derartige Moral kann real erkannt und beschrieben werden. Wenn wir sagen, dass moralische Werte und Pflichten objektiv real und gültig sind, bedeutet das, dass sie unabhängig davon existieren, was wir darüber denken oder glauben. Wenn etwas richtig ist, ist es richtig, auch wenn alle glauben, es sei falsch. Wenn etwas falsch ist, ist es falsch, auch wenn alle glauben, es sei richtig.«

»Das leuchtet mir ein«, sagt Humen und nickt. »Niemand denkt moralisch relativ über Dinge, die ihm wichtig sind. Spätestens, wenn wir direkt mit dem Bösen konfrontiert sind, sticht uns die moralische Realität ins Auge. Die Präsenz des Bösen weist auf die Existenz des Guten hin. Wer sich über das Böse beschwert, spricht von einer Moral des Guten.«

»Das klingt plausibel«, denkt Marie laut nach, »denn wenn ich annehme, es gibt so etwas wie das Böse, dann nehme ich an, dass es auch so etwas wie das Gute gibt. Und wenn ich davon ausgehe, dass es Gut und Böse gibt, dann nehme ich auch an, dass es eine Art Moralgesetz zur Unterscheidung von Gut und Böse gibt.«

Doch die Eule ist noch nicht fertig.

»Moralische Werte wie Nächstenliebe, Barmherzigkeit, Vergebung, Wahrheit, Gut und Böse stehen und fallen mit der Quelle dieser Werte. Wenn unsere Welt mit diesen Werten leben will, muss sie sich immer wieder an die Quelle dieser Werte begeben und von ihr ausrichten lassen. Wenn der Urheber selbst diese Quelle ist, bedeutet das: Wo die Quelle sprudelt, also eine Verbindung zum Urheber lebt, werden auch diese Werte unter uns leben.«

Humen und Marie sind immer noch hoch konzentriert.

»Es sind zwei Gedanken, die ich euch mitgeben möchte, Marie und Humen. Zum einen die Frage: Warum sollte ich gut handeln, wenn es keinen Urheber gibt, vor dem ich mich zu verantworten habe? Es gibt keine plausible Begründung dafür, warum ich nicht anderen schaden soll, solange ich dadurch keine Nachteile bekomme. Ohne eine Ewigkeitsinstanz, die uns zur Rechenschaft ziehen wird, ist es letztlich egal, ob wir in unserem Leben liebevoll oder grausam waren. Die gesamte Debatte um Werte hängt in der Luft, wenn die Frage nach dem Urheber ängstlich vermieden wird.«

»Und das zweite?«, hakt Marie ein.

»Woher kommt es, dass wir moralische Wesen sind, die darüber nachdenken, was richtig und was falsch ist? Unser moralisches Bewusstsein von Gut und Böse ist ein starker Hinweis auf die Existenz eines moralischen Wesens. Wo wir moralisch handeln, spüren wir, dass wir etwas Richtiges getan haben. Moral hat demnach auch mit unserem Wohlbefinden zu tun. Das ergibt Sinn, wenn wir von einem moralischen Wesen gewollt sind, dem die Art und Weise unseres Miteinanders nicht egal ist.«

Mittlerweile ist die Sonne fast untergegangen. Sophia, Marie und Humen haben Hunger und beschließen, etwas essen zu gehen. Unweit von ihrem Hügel lebt Carlo, der Kater, ein begabter Geschäftsmann und begnadeter Koch. Die Gerichte in seinem Restaurant gehören zu den besten im ganzen Wald. Die Eule fliegt voran, Marie und Humen laufen hinterher.

Das rätselhafte Buch

Nachdem die drei sich einen schönen Platz in dem Restaurant ausgesucht haben, sind Marie, Humen und Sophia so ins Gespräch vertieft, dass sie Carlo erst gar nicht bemerken.

»Sehr interessant, über was ihr da miteinander nachdenkt!«, ertönt plötzlich eine tiefe Stimme neben ihnen. Der Kater legt schwungvoll drei Speisekarten auf den Tisch und zwirbelt dann an seinen Schnurrhaaren.

»Eure Themen sind mir vertraut. Ich komme gleich zurück.«

Er verschwindet und lässt die drei fragend zurück. Kurz darauf kommt er mit einem Buch wieder und setzt sich zu ihnen.

»Ich habe zahlreiche Bücher in meinem Leben gelesen und daraus viel lernen dürfen. Aber dieses Buch hier ist ein ganz besonderes Buch.«

Die drei Gäste schauen sich neugierig das dicke Buch an, das vor ihnen liegt.

»Eigentlich ist es gar kein Buch, sondern eine lebendige Hoffnung. Eine Anweisung zur Quelle des Lebens. Es wurde über einen Zeitraum von mehr als fünfzehn Jahrhunderten von über vierzig Autoren verfasst. Ganz normale Personen wie wir haben es geschrieben. Es ist poetisch, kunstvoll, aber auch systematisch, analytisch. Es ist kein Lesebuch, sondern ein Lebensbuch. Kein Buch beschreibt so eindrücklich die Tiefen und Höhen unseres Wesens. Unangenehm offen und ehrlich, oft skandalös. Als man dieses Buch nicht mehr verbieten konnte, wählte man die Strategie der Diffamierung. Dieses Buch ist gefürchtet.«

»Eigentlich sieht das Buch ganz harmlos aus. Wie kann man ein Buch fürchten?«, will Marie wissen.

»Das Buch enthält eine schonungslose Diagnose über uns, die schmerzhaft und zugleich voller Zuversicht ist. Es ist kein romantisches Märchenbuch, sondern ein Wirklichkeitsbuch. Wenn dieses Buch von Wahrheit spricht, spricht es nicht von einer abstrakten Philosophie, sondern von einer erfahrbaren Hoffnung, einer wirksamen Freude und einem wahrnehmbaren Frieden – einer Wahrheit, der man begegnen kann.«

»Aber ist der Inhalt des Buches überhaupt zuverlässig?«, unterbricht Humen. »Bei einem Buch, an dem über vierzig unterschiedliche Personen geschrieben haben und das so alt ist, bin ich eher skeptisch.«

»Kein geschriebenes Dokument der Welt ist nur annähernd so gut dokumentiert wie dieses Buch«, antwortet Carlo und ist begeistert. »Dieses Buch ist, verglichen mit allen anderen Schriften, in jeder Hinsicht ein einzigartiges Stück. Es gibt sogar eine ganze Wissenschaft, die sich mit der Überlieferungsqualität des Buches befasst.«

»Hast du ein Beispiel, woran wir die Zuverlässigkeit erkennen können?«, fragt Marie den Kater kritisch.

»Weil dieses Buch so skandalös schonungslos über uns spricht, wird es von vielen Erdbewohnern stark angegriffen. Die Behauptung, dass auf die Überlieferung dieses Buches kein Verlass sei, erfuhr vor einigen Jahren eine sensationelle Wendung. Jemand warf einen Stein in eine Höhle und hörte, wie Tonkrüge zerbrachen. Die Krüge enthielten Schriftstücke aus diesem Buch, die über tausend Jahre älter waren als das, was wir bisher hatten. Nun konnte man die beiden Schriften über tausend Jahre voneinander entfernt miteinander vergleichen. Die inhaltliche Übereinstimmung war eine Sensation. Wer in diesem Buch liest, wird nicht für dumm verkauft. Es verdient unsere Aufmerksamkeit.«

»Wie kommst du zu diesem Buch, Carlo?«, fragt Humen interessiert.

»Als Schüler habe ich ein Exemplar geschenkt bekommen. Gelesen habe ich darin nie. Obwohl ich kaum etwas über das Buch wusste, war es für mich ein altes, irrelevantes Märchen- oder Legendenbuch. Damals habe ich einfach die Meinung anderer übernommen, die sie wiederum von anderen übernommen hatten. Erst als ich in meinem Herzen bereit war, mich ehrlich damit auseinanderzusetzen, wurde das Buch für mich lebendig«, erzählt Carlo nachdenklich.

»Wie kann denn ein Buch lebendig werden?« Marie rümpft ihre Nase.

»Ob eine Jahrtausende alte Landkarte stimmt, wird nur der erfahren, der sich mit dieser Karte auf den Weg macht. Und dieses Buch ist eine Karte für unser Leben.«

Carlo schlägt das dicke, unscheinbare Buch auf.

»Wer nur theoretisch diskutieren und philosophieren will, wird die Kraft des Buches im Lebensalltag nicht erleben. Wer hingegen diese Karte nimmt und liest, wird das Faszinierendste und Kostbarste für unser Leben darin entdecken können. Dieses Buch wird dadurch erschlossen, dass es gelebt wird«, sagt der Kater bestimmt.

»Jetzt bin ich neugierig geworden«, stellt Marie fest. »Um was geht es denn in diesem Buch genau?«

»Im Zentrum des Buches steht das Leben und die Lehre vom kleinen großen Mann«, fängt Carlo an.

»Der kleine große Mann?«, fragen Marie und Humen im Chor.

»Er lebte vor 2000 Jahren, aber er fasziniert bis heute. Forscher sagen, dass sein Leben bis heute ungebrochen mehr Erdbewohner inspirierte als irgendjemand anders. Er erlangte ohne Geld und Waffen mehr Einfluss als die größten Heerführer; ohne große Ausbildung brachte er mehr Licht ins Leben als alle berühmten Philosophen und Gelehrten; ohne zum Redner ausgebildet worden zu sein, sprach er Worte des Lebens, wie sie nie zuvor oder seither gesprochen wurden. Kurzum – er erzielt bis heute eine Wirkung wie kein anderer. Wenn ihr das Buch verstehen wollt, müsst ihr mit seiner Geschichte und dem, was er sagt, beginnen. Ihr könnt das Buch hier haben, ich habe noch mehr Exemplare davon und verschenke sie gerne. Bildet euch selbst eine Meinung. Lest darin und fragt euch: Wer ist der kleine große Mann?«

Carlo erhebt sich ruckartig von seinem Stuhl, andere Kunden warten auf ihn.

»Was meint Carlo mit dem kleinen großen Mann?«, fragt Humen Sophia.

»Das solltet ihr selbst lesen«, antwortet die Eule.

»Du kennst also das Buch?«, will Humen wissen.

»Kennen? Viele meinen es zu kennen und haben nie darin gelesen. Ich habe darin gelesen, aber das ist schon lange her. Ich sollte es wohl auch mal wieder tun.«

In Gedanken versunken, lassen sich die drei ihr Essen schmecken.

»Du kannst gerne mit dem nächsten Brennpunkt weitermachen«, fordert Humen schließlich Sophia auf.

Die Bescheidenheit und die Abhängigkeit

»Bei diesem Brennpunkt geht es um die Frage nach der eigenen Bedürftigkeit und Abhängigkeit. Unsere Erkenntnis ist Stückwerk. Je mehr wir das große Bild der Welt zu erkennen suchen, desto mehr müssen wir erkennen, wie gering unser Wissen darüber ist. Wie geht es euch, wenn ihr diese beiden Worte hört: Bescheidenheit und Abhängigkeit?«

»Ich bin bescheiden und ich möchte unabhängig sein«, sagt Humen bestimmt.

»Du und bescheiden, Humen?«, unterbricht Marie. »Überhaupt fällt es mir schwer, so etwas wie Bescheidenheit in unserer Gesellschaft zu erkennen.«

»Bescheidenheit und Abhängigkeit wirken auf den ersten Blick nicht gerade attraktiv«, stimmt die Eule ihr zu. »Jedoch: Erfahrungen, die uns zu mehr Bescheidenheit führen, weisen uns auf das hin, was wirklich zählt. Was wir wirklich verstehen und was nicht. In der Abhängigkeit müssen wir loslassen und erfahren, was uns hält. Nur wer loslässt, wird gehalten.«

»Kannst du das an einem Beispiel verdeutlichen?«, fragt Marie.

»Die Reichweite wissenschaftlicher Möglichkeiten in Bezug auf die Frage nach dem Sinn, also nach dem Warum und Wozu oder nach dem Urheber mahnt zu großer Bescheidenheit. Wissenschaftliches Know-how führt noch lange nicht zu einem Know-why. Die Naturwissenschaften haben Grenzen: Viele elementare Fragen können sie nicht beantworten; Fragen, wie beispielsweise ›Was ist unsere Bestimmung?‹, ›Wozu sind wir da?‹ oder ›Was ist der Sinn des Lebens?‹«

Sophia schaut nachdenklich auf ihr noch volles Wasserglas.

»Wisst ihr, was mit einem Kompass in einem großen Schiff passieren kann?«

Marie und Humen schütteln den Kopf.

»Ein berühmter Weltenerforscher sagte einmal: Mit der scheinbar unbegrenzten Ausbreitung unserer technischen Möglichkeiten kommen wir in die Lage eines Kapitäns, dessen Schiff so stark aus Stahl und Eisen gebaut ist, dass die Magnetnadel seines Kompasses nur noch auf die Eisenmasse des Schiffes zeigt, nicht mehr nach Norden. Mit einem solchen Schiff kann man kein Ziel mehr erreichen; es wird nur noch im Kreis fahren und daneben dem Wind und den Strömungen ausgeliefert sein.[21] Naturwissenschaften geben keine Orientierung. Sie setzen Orientierung voraus.«

»Was bedeutet das für unser Zusammenleben?«, fragt Humen.

»Wo die Kompassnadel nur noch auf uns und unsere technischen Möglichkeiten zeigt, geht die Orientierung verloren«, erklärt Sophia. »Bis zum heutigen Tag hat die Naturwissenschaft mit jeder neuen Antwort drei neue Fragen aufgeworfen. Die Naturwissenschaften stehen nicht kurz davor, die letzten Puzzlestücke zur Erklärung

der Welt und unseres Lebens zu finden. Vielmehr werden wir in neue, faszinierende und unerklärliche Wel-
ten geführt. Einer der alten Denker sagte einmal: ›Ich
weiß, dass ich nichts weiß.‹[22] Dieses Wort ist kein Zei-
chen von Dummheit, sondern von Weisheit. Je mehr
wir wissen, desto mehr erkennen wir die Grenzen unseres Wissens. Gerade die Erkenntnis, dass so vieles im
Leben ein Geheimnis bleibt, eröffnet die Schönheit des
Lebens.«

Nach einer kurzen Pause fährt die Eule fort.

»Wir sind Wesen mit ernsthaften Begrenzungen. Bei
jedem Atemzug sind wir abhängig von der Luft, die uns
umgibt. Wer sich seine Begrenzungen eingesteht, kann
etwas Besonderes entdecken, etwas, das mit einem eigen-
tümlichen Namen behaftet ist, aber recht verstanden eine
große Wirkkraft in sich trägt: Demut.«

»Demut?« Humen blickt fragend von seinem Teller
hoch.

»Demut meint, sich selbst und sein vermeintliches
Recht zurückzustellen. Der Demütige ist keine ärmliche
und bedeutungslose Kreatur, die den Kopf hängen lässt.
Der Demütige ist vielmehr frei von dem Drang, selbst
wichtig sein zu müssen oder recht haben zu wollen, befreit
von Eitelkeit und Selbstgefälligkeit. Demut ist die Entdeckung, dass eine Art heilige Selbstbeschränkung dem
Wohl aller dient, inklusive dem eigenen Wohl. Ohne die
Rückkehr zu einem Respekt vor unseren Grenzen wird sich

weder unser Leben noch unser Verhalten zu unserer Umwelt oder zu anderen verändern.«

»Also soll mir Demut helfen, Sinn im Leben zu finden oder gar den Urheber zu entdecken?«, fragt Marie.

»Genau das haben zahlreiche Philosophen und Wissenschaftler in Anbetracht ihrer Begrenzung und Abhängigkeit getan. Sie waren sich bewusst, dass in der Summe des Lebens nicht allein ein ›Yes, I can‹ (Ja, ich kann) oder ein ›Yes, we can‹ (Ja, wir können) ausreicht, sondern das Wesentliche in einem ›Yes, he can‹ (Ja, er kann) zu entdecken ist – und sie wussten, wer mit ›He‹ gemeint ist.«

Die drei haben fertig gegessen. Marie und Humen müssen nicht nur das Essen, sondern auch das bisher Gehörte verdauen. Das ist auch gut so, denkt sich die Eule, denn der nächste Brennpunkt hat es in sich. Nach einer Weile verabschieden sie sich von Carlo und machen sich ins Gespräch vertieft auf den Weg.

Das Leid und das Böse

»Ich werde nie den Tag vergessen, als über dreitausend von uns ihr Leben lassen mussten. Jeder weiß heute noch genau, wo er war, als er die Nachricht hörte. So groß war der Schock. Ich selbst flog gerade zurück zu meiner Baumhöhle. Intuitiv nahm ich wahr, dass dieses Ereignis unsere Welt für immer verändern würde. Ich sah, wie eine andere

Eule verstört herumflog und laut schrie: ›Wo bist du, Urheber? Warum hast du das zugelassen?‹«

»Ja, und damit hatte die Eule doch recht, oder?«, meint Humen. »Warum lässt der Urheber so viel Leid und Böses zu, wenn er doch die Möglichkeit hat, all das zu verhindern?«

»Ganz einfach, Humen«, sagt Marie. »Weil es den Urheber gar nicht gibt und falls es ihn doch geben sollte, interessiert er sich einfach nicht für uns.«

»Genau in diesem Moment werden unzählige Kinder misshandelt und Erwachsene von Erwachsenen gequält oder gar umgebracht«, sagt die Eule. »Viele betrachten daher unsere Welt in großen Teilen als Pfusch und sehen darin das stärkste Argument, an keinen Urheber zu glauben.«

»Ja, und wir müssen den Pfusch beseitigen und das tun, was der Urheber offensichtlich nicht tut, aber tun müsste, wenn es ihn gäbe«, erklärt Marie entrüstet.

»Die Frage nach der Gerechtigkeit und dem Urheber in Anbetracht des Übels und des Leides dieser Welt wurde von einem großen Denker wegweisend aufgenommen.[23] Er unterscheidet drei Arten von Übel. Zum Ersten, dass wir darunter leiden, nicht selbst wie der Urheber zu sein, und dies als schmerzenden Stachel empfinden. Zum Zweiten das Leid, das wir einander mutwillig zufügen. Zum Dritten das unverschuldete Leid wie Krankheiten, Ungerechtigkeit oder Katastrophen.«

»Jeder Erdbewohner, der vernünftig denkt, muss sich doch fragen, wie ein Urheber gerade dieses dritte Übel zulassen kann«, stellt Humen fest.

»Ein Philosoph, von dem ich euch schon erzählt habe, weist darauf hin, dass diese Frage mittels reiner Vernunft nicht lösbar ist.[24] Alle Versuche, die das Problem des dritten Übels intellektuell lösen wollen, sind zum Scheitern verurteilt. Nach diesem Philosophen beschert uns die Frage nach dem unverschuldeten Übel eine negative Weisheit: die Einsicht der notwendigen Beschränkungen von dem, was uns zu hoch ist. Ein berühmter Schriftsteller wirft bei der Frage nach dem Leiden einen Perspektivenwechsel ein. Er sagt, dass er wie ein kleines Kind davon überzeugt ist, dass in der Ewigkeit die Leiden vernarben und zum Ausgleich gelangen werden. Und dass es nicht nur möglich sein wird, alles, was mit uns geschah, zu verzeihen, nein, sondern auch zu rechtfertigen«[25], sagt Sophia.

»Du meinst eine Art von gerechtem Ausgleich nach dem Tod? Aber was, wenn es die Ewigkeit gar nicht gibt, Sophia?«, fragt Humen skeptisch.

»Wenn mit dem Tod alles aus ist, ist unser Leid meist völlig sinnlos«, stimmt ihm die Eule zu. »Wenn unser Leben jedoch über den Tod hinausreicht, müssen das Leid und das Böse vom Ende her gedacht werden. Erst vom Ende unserer Geschichte her wird die Frage nach dem Leid und dem Bösen in ein klärendes Licht gestellt. Das Leid in der Welt spricht nicht gegen ein ordnendes Prinzip, denn es könnte ein ordnendes Prinzip geben, das wir aus unserer gegenwärtigen Perspektive nicht durchschauen.«

»In unserer Welt ist doch gründlich etwas schiefgelaufen. Wenn wir zornig sind über das Böse, spüren wir die Gebrochenheit einer Welt, die anders sein sollte«, erwidert Marie.

Die Eule nickt.

»Ein Problem des Bösen besteht darin, dass es tiefer in uns selbst sitzt, als uns lieb ist«, fährt Sophia fort. »Es gibt nicht nur irgendwie das Böse in der Welt, sondern auch das Böse, das mit uns selbst zu tun hat. Jemand stellte mal einem klugen Fuchs die Frage ›Was stimmt nicht mit dieser Welt?‹ Darauf antwortete dieser: ›Sehr geehrte Damen und Herren: Ich! Mit freundlichen Grüßen, der kluge Fuchs.‹«[26]

Marie und Humen schmunzeln.

»Interessant ist die Frage, warum wir überhaupt gegen das Leid oder das Böse rebellieren. Wie kommt es, dass in uns etwas ist, das uns sagt, dass die Welt anders und besser sein sollte – gerecht und ohne Leid? Dass wir das Leid wie auch das Böse als negativ erkennen, spricht für einen Maßstab, der über dem steht, was wir jetzt verstehen. Das nennen wir Gewissen«, doziert Sophia.

»Und was verstehst du unter Gewissen, Sophia?«, fragt Marie nach.

»Ein bekannter Forscher ging der Frage nach dem Leid und dem Bösen nach. Er selbst hat in seinem Leben und im Leben seiner Angehörigen, die nahezu alle ermordet wurden, mit das Schlimmste an Leid und Bösem erlebt, was es je gab. Er fragte sich, was ihn in all seinem Leid am Leben erhielt. Das Ergebnis seiner Forschung fand weite Beachtung.«[27]

»Zu welchem Ergebnis kam er?«, fragt Marie neugierig.

»Sein Ergebnis war, dass wir einen letzten Sinn im Leben brauchen. Er sieht im Gewissen unsere Fähigkeit, den jeweiligen Sinn in einer Situation aufzuspüren. Das Gewissen ist gewissermaßen ein ›Sinn-Organ‹.«

Sophia hält kurz inne. Dann zeichnet sie etwas in den Waldboden.

»Was ist das?«, fragt sie ihre Gesprächspartner.

»Ein Kompass?«, tippt Marie.

»Richtig, unser Gewissen kann man mit einem Kompass vergleichen, der uns ungefähr anzeigt, wo Norden ist. Die furchtbarsten Katastrophen, die von uns verursacht wurden, passierten deshalb, weil wir gegen besseres (Ge-) Wissen in die sinnwidrige Richtung agiert haben.«

»Aber was hat der Kompass mit dem Urheber zu tun? Was sagt der Forscher dazu?«, hakt Humen nach.

»Er sagt, die Instanz, vor der wir uns verantworten müssen, ist das Gewissen. Bei einer Zwiesprache mit dem eigenen Gewissen ergebe sich allerdings die Frage, ob es sich dabei um ein Selbstgespräch oder in Wahrheit um ein Zwiegespräch handle, und damit die Frage, ob das Gewissen wirklich die letzte oder nicht vielmehr die vorletzte Instanz ist. Was wir unser Gewissen nennen, ist dann nicht nur unser Kompass zur Unterscheidung von Gut und Böse, sondern auch unser Wahrnehmungsinstrument für die Instanz dahinter. Der bekannte Forscher kam zu dem Ergebnis, dass diese letzte Instanz nur der Urheber selbst sein kann.«

Sophia hält kurz inne und entdeckt eine kleine Raupe, die vergeblich versucht, auf die Spitze einer Blume zu gelangen.

»Die Frage nach dem Leid und dem Bösen ist eng verbunden mit der Frage nach dem Sinn unseres Lebens und dem Urheber. Ohne Ewigkeitsperspektive mit einem Urheber ist dem Leid und dem Elend in der Welt kein Sinn abzugewinnen. Dann ist das ganze Leben mit all dem Leid und dem Bösen nur absurd. All unser Streben nach Sinn ist dann unsinnig. Ohne Urheber streben wir bei der Frage nach dem letzten Sinn unseres Lebens unaufhörlich nach vorne, um dann immer und immer wieder von vorne anfangen zu müssen. In einer ›permanenten Revolte‹, im Sinne eines ›höhnischen Trotzdem‹, beginnen wir jeden Tag aufs Neue im endlosen Widerspruch des Absurden.«

»Dann ist eben alles absurd! Was ist daran so schlimm?«, fragt Marie trotzig.

»Der Weg des Absurden weist einen erheblichen Mangel auf: Er beantwortet nicht unsere Fragen nach Ursprung, Sinn, Moral und Bestimmung. Wir werden auf unserem Lebensweg ratlos zurückgelassen. Mit der Flucht ins Absurde begehen wir Sinnsuizid. In eine sinnlose Kälte geworfen, müssen wir sehen, wie wir überleben, um dann endlich sterben zu können.«

Noch immer müht sich die kleine Raupe hilflos mit der Blume ab.

»Dieses frostige Klima drückt sich gegenwärtig in dem aus, was jemand einst zynische Vernunft nannte«[28], fährt die Eule fort.

»Und was soll das bedeuten?«, fragt Humen.

»Oft werden Erdbewohner, die dem Leben keinen letzten Sinn zuschreiben können, zynisch. Zynismus bedeutet, alles infrage zu stellen und lächerlich zu machen und dabei jeglichen Anstand, Wert und Würde verloren zu haben. Alles muss im Namen angeblicher Vernunft negativ hinterfragt und einer Generalkritik unterworfen werden. Sinn und Wahrheit, aber auch Familie, Partnerschaft, Männchen, Weibchen, Urheber werden mittels Generalkritik abgewertet und verspottet und so mit einer melancholisch-depressiven Grundstimmung versehen.«

»Wie drückt sich das konkret aus?«, möchte Humen von der Eule wissen.

»Beispielsweise in der Art und Weise, wie die Zyniker anderen vorschreiben, wie sie zu denken, zu reden und wie sie zu handeln haben. Zynische Erdbewohner sprechen mit einem Unterton, der Andersdenkenden permanent unterstellt, moralisch falsch zu sein. Nur sie mit ihrer Sichtweise sind gut und richtig. Vollkommen davon überzeugt, gut zu sein und selbst die Welt richtig zu sehen, richten sie ihre moralischen Appelle freimütig an alle anderen. Nur sich selbst vergessen sie. Argumente, die ihre Sichtweise infrage stellen, werden nicht argumentativ, sondern mit Häme, Hohn und Diffamierung lächerlich gemacht. Oft charmant garniert, aber mit boshafter Absicht.«

»Frau Spinne, meine Lehrerin, war eine furchtbare Zynikerin. Für andere Waldbewohner hatte sie nur Spott übrig«, erinnert sich Marie. »Und was können wir für unsere Frage nach dem Sinn und dem Urheber von diesem Brennpunkt mitnehmen?«

»Das Leid und das Böse sind wohl mit die schwerwiegendsten Brennpunkte unseres Lebens. Leid und Schmerz sind so real, dass sich jede weitere Diskussion erübrigt«, beschließt die Eule ihre Gedanken zu dem Brennpunkt. »Leid kann für uns zur alles bestimmenden Realität werden. Es könnte gar nicht realer sein. Schmerz und Einsamkeit verändern unsere Sicht auf das Leben. Wir schauen dem Leid nicht gern ins Gesicht, weil es schmerzt. Wenn wir es aber nicht tun, kann daraus auch nichts Neues wachsen. Wie in kaum einem anderen Brennpunkt werden hier die Weichen unserer grundsätzlichen Lebenseinstellung gestellt. Überwältigt uns das Leid oder können wir im Leid neue Zuversicht gewinnen? Leid kann wie ein Antikörper gegen den Virus der Gleichgültigkeit wirken. Wo wir uns dem Leid gegenüber stumm verhalten, kann es zu einer zerstörerischen Macht werden. Im Leid liegt etwas Unerklärliches! Leid und das Böse an und für sich sind nie etwas Gutes. Gleichzeitig kann das Rätselhafte, das dem Leid innewohnt, unser Leben hellsichtiger und die Welt durchsichtiger machen und uns mehr aufzeigen von uns selbst, unserer Welt und vom Urheber.«

Marie wirkt nachdenklich.

»Jetzt bin ich mal auf den letzten Brennpunkt gespannt«, sagt Humen.

Umgehend greift Sophia die Vorlage von Humen auf und beginnt mit dem letzten Brennpunkt.

Der Tod und die Ewigkeit

»Den letzten Brennpunkt wird jeder von uns mit einer Wahrscheinlichkeit von hundert Prozent erleben. Obwohl dieser Brennpunkt vor jedem von uns liegt, wird ungern darüber gesprochen. Es geht um das Sterben, den Tod und die Frage, was danach kommt. Aus der Sterblichkeit kann niemand aussteigen, auch nicht die Reichsten und Mächtigsten. Das Sterben und der Tod sind die sichersten Faktoren in unserem System. Jeden Tag kommen wir dem Tod einen Tag näher – todsicher«, doziert Sophia.

»Wisst ihr, wie ihr euch auf einer vollen Waldparty einen Platz zum Stehen verschafft?«, fragt die Eule.

»Was hat die Waldparty mit unserem Brennpunkt zu tun?«, erwidert Marie belustigt.

»Ein bekannter Naturwissenschaftler, den ich vor etlichen Jahren kennenlernte, erzählte mir: ›Wenn du auf eine Party eingeladen wirst, bei der es kaum Platz zum Stehen gibt, gebe ich dir folgenden Rat: Fange an, über den Tod zu sprechen, und du wirst in Kürze dein Getränk ganz allein mit ausreichend Platz und Ruhe genießen können‹«[29], erklärt Sophia.

»Warum hast du diesen Brennpunkt als Letztes genommen? Ist das der Wichtigste?«, fragt Humen.

»Der Tod ist der ultimative Brennpunkt unseres Lebens. Er wirft die Sinnfrage auf und vertieft sie zugleich wie kein anderer Brennpunkt. Wir sträuben uns gegen die Vorstellung, dass nach dem Tod nichts mehr ist und uns durch den Tod alles genommen wird. Unserer Kreativität, den Tod zu verdrängen, sind kaum Grenzen gesetzt. Die prunkvollen Begräbnisstätten Mächtiger und Reicher sprechen Bände. Die Welt ist geschwätzig und vorlaut, solange das Leben gut läuft. Nur wenn jemand krank ist oder stirbt, wird sie verlegen und verstummt. Ob wir einen übergeordneten Sinn in unserem Leben haben, erweist sich am Sterbebett. Im Sterben kommt die ultimative Frage auf: Fällt mein Leben ins Nichts oder läuft es auf ein Gegenüber zu?«

»Hast du Erfahrungen mit Sterbenden gemacht, Sophia?«, will Marie wissen.

»Jemanden beim Sterben zu begleiten, wollte ich als junge Eule so lange wie möglich umgehen«, erinnert sich Sophia. »Wenn ich heute jedoch zurückschaue, gehört die Begleitung eines Sterbenden zu den tiefgreifendsten Erfahrungen meines Lebens. Unsere Welt sähe anders aus, wenn jeder von uns immer wieder mal jemanden am Ende des Lebens begleiten müsste. So bekommen wir vor Augen gehalten, dass wir auch einmal sterben werden. Dieses Bewusstsein wird Auswirkungen auf die Art und Weise haben, wie wir unser Leben gestalten.«

»Ich weiß nicht, glaubst du das wirklich?«, fragt Humen kritisch.

»Lasst es mich an dem Experiment einer befreundeten Eule verdeutlichen. Sie gab ihren Studenten folgende Aufgabe: ›Nehmt an, ihr hättet nur noch einen Monat zu leben. Wie würdet ihr euren letzten Monat verbringen?‹

Es tauchten plötzlich Werte auf, die zuvor kaum gesehen, geschweige denn gelebt wurden. Die Studenten besuchten beispielsweise vermehrt ihre Eltern oder versöhnten sich mit ihren Geschwistern und Freunden. Werte wie Liebe, Dankbarkeit und Versöhnung traten hervor, weil die Studenten die Dinge plötzlich vom Ende her betrachteten. Wer heute das unverrückbare Datum seines Todes erfahren würde, würde ab morgen anders leben.«

»Ja, mit dem Tod ist alles aus. Der Tod ist schrecklich«, sagt Marie traurig.

»Das geht nicht nur dir so, Marie«, unterstreicht die Eule. »Der Tod ist der ultimative Feind einer Gesellschaft, die den Sinn für das Ewige verloren hat. Vieles in der Welt gaukelt uns ein Leben vor, als würden wir ewig auf ihr verweilen. Es scheint, als wäre nichts endgültig und daher alles gleichgültig. Damit wird eine Scheinwelt aufgebaut, in der wir den Tod nicht mehr ernst nehmen und auch das Leben nicht. Beim Sterben schlägt dann plötzlich die Stunde der Wahrheit. Doch in Anbetracht des Todes wird jede Scheinwelt eingerissen. Es erfolgt eine Art letzter Ruf, unmittelbar bevor wir diese Welt für immer verlassen. Das Irdische vereinnahmt uns meist so stark, dass wir dem Ewigen, solange wir bei Kräften sind, kaum Beachtung schenken. Unsere Welt richtet uns so ab, dass wir meinen, es gäbe keine andere.«

»Unser Leben ist sehr kurz. Die Zeit vergeht so schnell!«, fügt Marie ernst hinzu.

»Früher lebte man zwar kürzer, empfand aber sein Leben länger als wir heutzutage«, stellt Sophia fest.

»Wie kann jemand kürzer leben und sein Leben dennoch als länger empfinden als ich, der ich doch länger lebe?«, fragt Humen verwundert.

»Früher dachten viele an ihr diesseitiges Leben plus ewiges Leben. Heute ist die empfundene Lebenszeit zusammengeschnurrt auf die irdische kurze Lebensspanne. Wir leben heute in einer Art existenzieller Kurzsichtigkeit. Ein kurzes Leben plus Ewigkeit ist deutlich mehr als ein langes Leben plus nichts. Ein Leben ohne Ewigkeit ist eben sehr kurz.«

»Aber was soll schon nach dem Tod passieren?«, fragt Humen.

»Zu deiner Frage fällt mir etwas ein, was ich erst kürzlich gelesen habe. In einem Nachruf auf einen Weltenerforscher, der begründen wollte, dass die Welt ohne einen Urheber auskommt, hieß es: ›Jetzt erfährt er, ob es den Urheber wirklich nicht gibt.‹[30] Spätestens wenn wir unseren letzten Atemzug auf der Erde getan haben, werden wir wissen, ob danach ein erster Atemzug in der Ewigkeit erfolgt und wir vor dem Urheber stehen.«

»Oh je, heißt das, wenn es eine Ewigkeit gibt, müssen wir uns womöglich vor dem Urheber zu verantworten haben?«, will Humen wissen.

»Tja, ich war einmal in einer Diskussionsrunde zu dieser Frage eingeladen. Eine Eule rief in die Runde: ›Wie könnte es sein, dass ein liebender Urheber irgendeine Art von Gericht halten wird?‹ Eine andere entgegnete: ›Wie könnte es sein, dass der Urheber bei all dem Bösen nicht richten wird?‹«

»Wie kann es zu so unterschiedlichen Einschätzungen kommen?«, wirft Marie ein.

»In unserem Wald haben wir kein Problem damit, wenn ein lieber Urheber stets nett zu uns ist, egal, was wir tun oder lassen. Entschiedener Protest hingegen wird laut, wenn der Urheber es wagen könnte, uns zu beurteilen. Die meisten Erdbewohner denken aber ganz anders. Die Vorstellung eines richtenden Urhebers, der für Gerechtigkeit sorgt, ist für sie von großer Bedeutung. Wer in einem abgebrannten Waldgebiet lebt, dessen Boden von Ungerechtigkeit oder gar Blut Unschuldiger getränkt ist, hat ein tieferes Verständnis von dem, was Gerechtigkeit oder Ungerechtigkeit bedeutet. Der Ort, an dem sich entscheidet, was Gerechtigkeit ist, ist das Gericht. Jedes gerechte Gericht ist ein Stück Gerechtigkeit. Ohne Gericht fehlt die Grundlage für Gerechtigkeit. Gericht ist nichts anderes als der Vollzug von Gerechtigkeit. Das Gericht des Urhebers bedeutet, dass der Urheber es richten wird. Wer glaubt, dass der Urheber einmal vollkommen Recht schaffen wird, hat die Kraft dazu, das Schwert stecken zu lassen, und begibt sich nicht in einen endlosen Strudel der Vergeltung. Nicht an einen Urheber der Vergeltung zu glauben, wird oft zum Nährboden für Gewalt. Wer davon ausgeht, dass Gier, Ausbeutung, Unterdrückung und Mord kein unausweichliches Gericht zur Folge haben werden, ermutigt zur Gewalt und Unehrlichkeit.«

»Gericht als vollzogene Gerechtigkeit? Das habe ich noch nie so gesehen«, sagt Marie nachdenklich.

»Als junge Eule habe ich das auch noch nicht so gesehen. Ein befreundeter Uhu erweiterte meine Sichtweise,
als er sagte: ›In der Gegend, aus der ich komme, wurden
die meisten mit unvorstellbarer Grausamkeit ermordet.
Wie wird der Urheber auf dieses Gemetzel reagieren? Wie
ein gutmütiger Opa, der die Täter liebt und deshalb das
Gemetzel nicht verdammt? Sagt er, die Täter seien doch im
Grunde gut? Oder wird der Urheber nicht vielmehr voll
Zornes sein? Früher war ich sicher, dass ein liebender Urheber nicht zornig sein kann. Langsam erkannte ich, dass
ich einen Urheber ablehnen müsste, der angesichts des
Bösen in der Welt nicht zornig wäre. Der Urheber ist nicht
zornig, *obwohl* er Liebe ist. Der Urheber ist zornig, *weil* er
die Liebe ist.‹«[31] Das wichtigste Datum, dem wir entgegen-
gehen, ist das Gericht. Jeder wird sich einmal vor dem Urheber zu verantworten haben.«

»Aber was genau passiert beim Gericht?«, fragt Marie.

»Ein weiser Schriftsteller sagte einmal, dass das Gericht die Antwort auf die Frage ist, wer das letzte Wort hat.
Gericht bedeutet auch, dass die Entscheidungen unseres
Lebens über den Tod hinaus Bedeutung haben. Am Ende
gibt es nur zwei Personenarten von uns: die, die zum Urheber sagen: ›Dein Wille geschehe‹, und die, zu denen der
Urheber sagt: ›Dein Wille geschehe‹.«[32]

»Was bedeutet das für unser Leben?«, fragt Humen.

»Tod, Ewigkeit und Gericht sind die ultimativen
Brennpunkte unseres Lebens. Hier ist die Frage nach dem
Urheber unumgänglich. Obwohl Tod, Ewigkeit und Ge-

richt uns noch bevorstehen, ist unsere Einstellung dazu schon jetzt von tragender Bedeutung. Wer im Bewusstsein lebt, dass das Irdische nicht alles ist, lebt auf. Eine innere Gewissheit zu haben, dass der Verlust des Besitzes, der Freunde und des Körpers kein ultimativer Untergang ist. Nicht im Teufelskreis der Vergänglichkeit verloren gehen zu müssen und damit unserem Leben das negative Vorzeichen des Todes zu nehmen. Wer entdeckt, dass Tod kein Untergang, Ewigkeit keine Illusion und Gericht notwendig ist, kann auch in schweren Zeiten hoffnungsvoll leben. Er lebt nicht dem Tod entgegen, sondern stirbt dem Leben entgegen.«

»Darüber muss ich noch mehr nachdenken«, sagt Marie sichtlich betroffen.

Humen schweigt.

»Für mich stellt sich mehr und mehr heraus, dass die große Schlüsselfrage nach dem Sinn des Lebens im Urheber selbst liegt«, sagt er schließlich.

»Das Buch vom kleinen großen Mann kann euch sicher weiterhelfen. Ich muss jetzt los. Es war schön, mit euch gesprochen zu haben. Macht etwas aus eurem Leben! Es wäre tragisch, wenn ihr auf eurer Entdeckungsreise das Wichtigste, was das Leben für euch bereithält, nicht entdeckt.«

Die Eule schlägt ihre Flügel auf und ab, hebt vom Boden ab und verschwindet in der Dunkelheit. Marie und Humen bleiben verdattert zurück. So unvorhergesehen, wie Sophia in ihr Leben hineingeflogen kam, ist sie wieder fort.

»Was haben uns nun all die Brennpunkte für unsere Frage nach dem Sinn und dem Urheber zu sagen?«, überlegt Humen nachdenklich.

»Lass uns doch einmal in das Buch schauen«, schlägt Marie vor und zieht es aus ihrer Tasche.

Marie und Humen fangen gemeinsam an, darin zu lesen. Vieles kommt ihnen sehr merkwürdig vor.

»Ich verstehe nur Bahnhof. Um was geht es hier eigentlich?«, stellt Humen enttäuscht fest, nachdem sie eine ganze Weile in dem Buch hin- und hergeblättert haben.

»Ich glaube, so bringt das nichts. Carlo hat doch gesagt, wir sollen zuerst die Geschichte vom kleinen großen Mann lesen, um dann den Rest des Buches verstehen zu können«, erinnert sich Marie und klappt das Buch wieder zu.

Es ist spät geworden. Marie und Humen beschließen, nach Hause zu gehen und am nächsten Morgen in dem Buch die Geschichte vom kleinen großen Mann zu lesen.

4

DAS BUCH UND DIE GESCHICHTE VOM KLEINEN GROSSEN MANN

Der dramatisch Andere

»WAS? Schon 11 Uhr – so lange habe ich ja ewig nicht mehr geschlafen«, stellt Humen am darauffolgenden Morgen entsetzt fest, als er auf den Wecker schaut. »Marie ist bestimmt sauer auf mich.« Eilig macht er sich fertig und hetzt zu seiner Freundin, die schon längst wach ist und konzentriert auf ihrem Stein sitzt.

»Na, du Schlafmütze, auch schon wach?«, ruft Marie Humen mit einem Lächeln zu. Noch bevor Humen erklären kann, dass er natürlich sonst nie so lange schläft, deutet Marie auf das vor ihr liegende Buch.

»Nachdem du nicht gekommen bist, habe ich den ganzen Morgen in dem Buch von Carlo gelesen. Carlo hatte recht: Wenn man das Buch verstehen will, muss man mit der Geschichte vom kleinen großen Mann beginnen. Er ist der Schlüssel zum Buch«, sagt Marie.

»Und was hast du herausgefunden? Wie ist der Urheber? Ist er ein alter tyrannischer Despot, dessen Zorn besänftigt werden muss? Der die Vergangenheit verkörpert, aber nichts mit Fortschritt und Zukunft zu tun hat? Dessen Anwesenheit die Abwesenheit von Freude und Glück bedeutet? Der Hüter einer Burg, in der alles zum Stillstand gekommen ist?«

»Nein, im Gegenteil«, sagt Marie und schüttelt den Kopf. »Komm, setz dich hierher und ich erzähle es dir. Der kleine große Mann spricht von einem Urheber, der dramatisch anders ist. Ich glaube, dass unsere Vorstellung vom Urheber fatal falsch ist.«

»Dramatisch anders – fatal falsch?« Humen kommt so schnell nicht mit.

»Der kleine große Mann sagt, dass wir den Urheber gar nicht kennen können, weil wir ihn nie gesehen und mit ihm persönlich gesprochen haben. In ihm, so behauptet er, fühlt und kommt uns der Urheber entgegen – können wir den Urheber entdecken.«

»Und, wie ist dann der Urheber?«, wirft Humen ein und ist etwas verärgert. Es dämmert ihm, dass Marie jetzt durch das Buch mehr dazu sagen kann als er. Könnte es sein, dass er in seiner Vorstellung über den Urheber komplett daneben liegt?

Marie nimmt die schlechte Laune von Humen wahr und rückt etwas näher an ihn heran.

»Schau, Humen, ich habe mir ein paar Dinge notiert, die der kleine große Mann über den Urheber sagt: Er meint, der Urheber sei: *Energie-Geber*, der auf dem Boot unseres Lebens in das Segel bläst, als Dynamik, die alles Starre, Morsche, Leb- und Lieblose wegnimmt. *Schuld-Befreier*, der als Feuer eine verzehrende, mitunter schmerzhafte, aber zugleich erhellende und wärmende Wirkung auf uns hat. *Lebensdurst-Stiller*, der wie Wasser für unsere Seele ist, ohne den wir austrocknen und zu einer öden Wüstenlandschaft verkommen.«

»Was? Du meinst, der Urheber wirkt wie ein Wind im Segel unseres Lebens, wie Feuer, das in uns Leidenschaft entzündet, und wie Wasser, das unseren Lebensdurst stillt? Und das alles in einem?«

Marie zögert, mehr zu sagen, da sie Humen nicht weiter verärgern will. Sie hat ja schon etliche Stunden allein in dem Buch gelesen, obwohl sie es gemeinsam lesen wollten. Humen sieht Maries Notizen.

»In deinen Notizen steht doch noch viel mehr, Marie.«

»Wenn du willst, kann ich dir das vorlesen«, sagt sie.

»Der kleine große Mann spricht von einem Urheber, der Retter, Heiler, Inspirator, aber auch König und Richter ist. Er behauptet: Er ist mit nichts zu vergleichen. Nirgends in unserer Welt gibt es eine Parallele zu ihm. Er übersteigt all unsere Erfahrungen und unsere ganze Vorstellungskraft. Er erzeugt eine Anziehungskraft und Attraktivität, die alles andere in den Schatten stellt. Er ist gleichzeitig schauervoll und wundervoll, erschreckend und anziehend, bedrohlich und faszinierend. Kurzum: Er behauptet, als Person mit seinem Leben und seiner Lehre die Wirklichkeit abzubilden.«

»Du meinst, wer den Urheber als brav und langweilig ansieht, hat keine Ahnung?«

»Wer das so sieht, ist dem Urheber nie begegnet, sagt der kleine große Mann. Der Urheber kann niemals banal oder trivial sein. Dem kleinen großen Mann zufolge liegt in der Verbindung zum Urheber das wahre Glück. Er ist die personale, moralische, intelligente, unendliche und erste Ursache, zu der jeder von uns eine fröhliche und befreite Beziehung haben kann. Kraft- und liebevoll, zugleich geheimnisvoll und unerklärlich. Er ist wirksam und unverständlich zugleich. Das tiefgründigste und zugleich für uns missverständlichste Wesen, von dem eine unbeschreibliche

Faszination ausgeht. Die Quelle von allem, was unsagbar schön und eindrucksvoll ist.«

»Eine persönliche Beziehung?«, fragt Humen verwundert. »Wenn davon nur die Hälfte stimmt, ist alles, was ich bisher über den Urheber gehört habe, ein dramatisches Zerrbild von ihm.«

»Ja, das geht mir genauso«, bestätigt Marie.

»Warum heißt die Person in der Geschichte eigentlich der kleine große Mann?«, überlegt Humen.

»Groß heißt er, weil er behauptet, der Sohn des Urhebers aller Dinge zu sein, und ihm daher alles möglich ist. Aber stell dir vor: Der Urheber aller Dinge wollte zu uns Erdbewohnern kommen. Deshalb musste er ganz klein werden. Für dich also so klein wie eine Ameise. Eben einer von uns. Er musste unsere Sprache sprechen und in unserer Welt leben. Der kleine große Mann sagt, dass in ihm der Urheber für uns sichtbar, erfahrbar, ja sogar spürbar geworden ist. Wie er beispielsweise mit Kindern, Frauen, Armen oder Kranken umging – und in der Weisheit, mit der er gelehrt und gelebt hat. In ihm begegnet uns der Urheber. So attraktiv wie er ist, so attraktiv ist auch der Urheber. Der kleine große Mann behauptet, dass wir dem Urheber durch ihn persönlich begegnen können.«

»Du meinst, im kleinen großen Mann liegt der Schlüssel, nicht nur vom Urheber mehr zu erfahren, sondern auch mit ihm in Verbindung zu treten? Ist das nicht anmaßend? Was hat dieser Mann überhaupt geleistet?«, fragt Humen kritisch nach.

Das Selfie des Urhebers

Marie schaut wieder in ihre Notizen.

»Im Buch steht, dass er keine einflussreichen Eltern hatte und in einem völlig unbedeutenden Dorf aufwuchs. Er war ein gewöhnlicher Handwerker. Er war unverheiratet und hatte keine eigene Familie. Über seine Kindheit und Jugend wissen wir so gut wie nichts. Er starb nicht friedlich, sondern wurde hingerichtet. Sein Tod war eine Katastrophe. Seine engsten Vertrauten verließen ihn. So gesehen war der kleine große Mann ein Niemand. Und doch setzen sich Unzählige aus allen Bildungsschichten täglich mit der Bedeutung seiner Worte und Taten auseinander, um von ihm zu lernen. Er sagt, er komme vom Urheber selbst und dass jeder mit ihm in Verbindung treten könne. Er ist die umstrittenste und zugleich einflussreichste Person unserer gesamten Geschichte.«

»Und was sagen die über ihn, die ihn kannten?«, fragt Humen.

»Diejenigen, die den kleinen großen Mann kannten, sagten von ihm, dass er ihnen Freiheit gab und nicht auf Forderung, sondern Förderung setzte. Er wollte das Beste für sie. Er war selbstlos, indem er sich selbst ihnen ganz hingab. Er wollte nichts von ihnen, sondern tat alles für sie. Er suchte nicht den eigenen Vorteil, er suchte, was ihnen diente, ohne selbst etwas zu erwarten. Zugleich scheute er sich nicht, unangenehme Wahrheiten auszusprechen. Er rief sie unerschrocken auf, zum Urheber umzukehren«, erklärt Marie.

»Das klingt wirklich nach einer besonderen Persönlichkeit«, gibt Humen zu.

»Ja, aber so erstaunlich diese Zusammenhänge sind, lassen sie das Wichtigste aus, was seine Person betrifft«, erwidert Marie. »Er beanspruchte nämlich, selbst der Urheber zu sein. In ihm outet sich der Urheber. Er ist quasi das Selfie des Urhebers. Mit ihm steht und fällt alles, was wir vom Urheber wissen können. Er untermauerte und demonstrierte diesen Anspruch durch seine Taten, seine verborgenen Einblicke in unser Leben und seine außergewöhnliche Lehre, die wie von einem anderen Stern ist. Er vermochte Antworten auf die Fragen von Sinn und Ziel, von Leid und Trauer, von Glück und Zuversicht zu geben wie kein anderer vor oder nach ihm. Er ist und bleibt ein Phänomen, das sich am tiefsten darüber erschließt, wie er starb.«

»Was war da so besonders? Du hast gesagt, sein Tod war eine Katastrophe?«, fragt Humen verwirrt.

»Er wurde im besten Alter mit Anfang dreißig hingerichtet. Sein Ende wirkte nicht wie das eines Helden, sondern wie das eines Versagers. Sein Tod war nicht das Ende eines erfolgreichen und erfüllten Lebens. Sein Tod war ein Desaster. Anstatt dieses Desaster zu verheimlichen, stellten die, die ihn liebten, seinen schockierenden Tod ins Zentrum ihrer Botschaft über ihn.«

»Wie kann man seinen Tod in den Mittelpunkt seines Wirkens stellen?«, überlegt Humen.

»Ich kann dir nur das sagen, was ich in dem Buch über seinen Tod gelesen habe. Er wurde angeklagt und zum

Tode verurteilt, obwohl er unschuldig war. Nachdem er gefoltert wurde und im Sterben lag, bat er den Urheber, seinen Peinigern zu vergeben.«

»Der kleine große Mann bittet den Urheber aller Dinge, er möge denen vergeben, die ihn gerade qualvoll ermorden?«

»Ja«, bestätigt Marie. »Und er sagt, dass sie nicht wirklich wüssten, was sie hier eigentlich tun. Während er voller Qualen unschuldig stirbt, setzt er sich für die ein, die das zu verantworten haben. Dann spricht er einem Verbrecher, der mit ihm stirbt, zu, dass der Urheber ihm vergeben werde. Schließlich kümmert er sich um seine Mutter, die hilflos dabeisteht, indem er einen Freund bittet, sich nach seinem Tod um sie zu sorgen. Inmitten unsäglicher Schmerzen ging es ihm nicht um sein eigenes Leben, sondern um das anderer. Ein Wächter, der dabeistand, sagte: »Das ist der Sohn des Urhebers.«

»Dieser Tod scheint ganz anders zu sein als der von den berühmten Personen, von denen uns der alte Dachs erzählt hat«, sagt Humen, lehnt sich ein wenig zurück und beobachtet einige vorbeiziehende Wolken.

Marie folgt seinem Blick. »Ist es nicht so, dass unser wahres ›Ich‹ erst dann zum Vorschein kommt, wenn wir über unsere Grenzen geführt werden? Dass erst im größten Schmerz und in tiefster Verzweiflung aus uns herauskommt, was in Wahrheit in uns steckt? Als der Sohn des Urhebers unschuldig an den Folterungen starb, kamen aus ihm Vergebung, Liebe und Fürsorge heraus. Der Wächter sah das, was in ihm war, und erkannte daran geschockt, dass er der Sohn des Urhebers ist.«

»Wie konnte der Sohn des Urhebers mit so viel Würde sterben?«, fragt Humen dann.

»Die Antwort, die das Buch darauf gibt, ist so einfach wie erschreckend: Er selbst sagt, dass er für uns gestorben ist, weil er es so wollte. Es war seine freie Entscheidung.«

»Wer so spricht, ist entweder vollkommen verrückt oder wirklich der Sohn des Urhebers. Aber warum und wozu wollte er sterben?«

»Der kleine große Mann, also der Sohn des Urhebers sagt, dass wir am echten Leben vorbeileben. Dass wir das Ziel des Lebens verfehlen, weil wir uns an etwas Verkehrtes gebunden haben. Nicht an den Urheber, sondern an uns selbst oder irgendetwas anderes. Dass wir ständig auf der Flucht vor dem Urheber sind und versuchen, Selbstwert und Glück außerhalb des Urhebers zu finden. Er kam zu uns auf die Erde, um uns von allem zu befreien, was uns in unserer Beziehung zu uns selbst, den anderen, unserer Umwelt und zum Urheber zerstören will. Er ist gekommen, um uns die Möglichkeit zu geben, zum Urheber zurückzukommen.«

»Dass jemand für mich gestorben sein soll, ist mir unangenehm und peinlich«, überlegt Humen nachdenklich.

»Ich finde das auch beschämend und ich habe vorhin zum Sohn des Urhebers gesagt: ›Das wäre aber nicht nötig gewesen.‹«

»Willst du etwa sagen, dass du mit ihm geredet hast?« Humen schaut Marie fragend an.

»Ja, ich habe ganz einfach zu ihm gesprochen. Das scheint zu gehen. Und wenn es stimmt, dass der Sohn des Urhebers für all das gestorben ist, was bei uns schiefgelaufen ist, müsste unsere Antwort dann nicht lauten: ›Es tut mir leid‹? Wir sind doch die, um die es hier geht. Ohne uns wäre sein Tod unnötig gewesen. Was er hier tat, tat er für uns.«

»Und wo ist der Sohn des Urhebers heute?«

»Dem Buch zufolge wieder beim Urheber in der Ewigkeit. Dort, wohin wir nach seinen Worten alle hinkommen werden. Dem Buch nach wird dem letzten Atemzug auf der Erde unser erster in der Ewigkeit folgen. Dann werden wir vor ihm stehen. Stell dir vor, wir werden wirklich von ihm in die Ewigkeit gerufen. Wenn ich einmal in den Sarg gelegt werde, werde ich dann seine Stimme hören: ›Marie, jetzt ist Zeit zum Aufstehen.‹?«

»Wenn er wirklich gestorben ist und jetzt lebt, haben wir nicht nur eine Antwort auf die Frage, ob es einen Urheber gibt, sondern wir wissen auch, dass dieser Urheber unser Leben und die Ewigkeit in seinen Händen hält. Dann führt dies zu einer grundlegenden Neubewertung des Lebens. Wenn es ein Leben nach dem Tod gibt, ist das irdische Leben nur eine kurze Etappe zum Ewigen. Wenn der Sohn des Urhebers lebt, ist es auch möglich, ihm zu begegnen. Kann man so etwas glauben?«

Das Leben mit Gewicht

»Na ja, von damals bis heute behaupten unzählige alte Dachse, schlaue Füchse, weise Eulen und andere, in einer echten Beziehung zum Sohn des Urhebers und zum Urheber selbst zu stehen. Und der kleine große Mann sagt, wenn wir nicht werden wie die Kinder, können wir nicht erkennen, dass der Urheber unser Vater ist.«

»Unser Vater?«, platzt es aus Humen heraus. Humens Vater ist schon gestorben, bevor er geschlüpft ist. Mit dem Begriff Vater kann Humen daher wenig in Verbindung bringen, und so murmelt er vor sich hin: »Der Urheber soll unser Vater sein und wir seine Kinder?«

»Ich glaube, er will damit sagen, dass wir von Kindern etwas lernen können, wenn es um die Beziehung zum Urheber geht«, entgegnet Marie vorsichtig. Kinder zweifeln nicht daran, dass es einen Urheber gibt, der alles gemacht hat. Was hat das uns Erwachsenen zu sagen? Kann es sein, dass Kinder die Welt oft unmittelbarer als wir wahrnehmen? Dass sie sagen, denken und glauben, was eigentlich auf der Hand liegt?«

»Da hast du natürlich recht, Marie. Der Weg zwischen Herz, Kopf und Mund ist bei Kindern kürzer und nicht selten auch ehrlicher als bei uns Erwachsenen. Wenn Kinder gesund aufwachsen, erleben sie die Welt als sinnvoll. Wo ihre Familie ist, sind sie zu Hause, dort fühlen sie sich geborgen und gewollt.«

»Muss unser inneres Kind nicht auch ein Zuhause finden, in dem es sich angenommen weiß?«, überlegt Marie.

»Was heißt Kind in uns – wir Erwachsene brauchen doch genauso eine Heimat, Marie. Ist es nicht das, wonach wir suchen, wenn wir von Sinn sprechen?«

Marie nickt. »Das bedeutet, dass Heimat der Ort ist, an dem wir Kinder sind und der Urheber unser Vater ist. Ein Ort, wo wir uns nicht erklären müssen und an dem wir verstanden werden. Heimat ist Geborgenheit. Wie kann Heimat besser beschrieben werden als der Ort, an dem der Urheber als Vater und wir Geschöpfe als seine Kinder zu Hause sind?«

Marie hält inne und blättert in dem Buch.

»Hier ist die Stelle, die ich gesucht habe, Humen. Der kleine große Mann spricht davon, dass wir den Urheber vertrauensvoll Vater nennen dürfen. Dass es nichts Wichtigeres gibt, als den Urheber als Vater zu entdecken.«[33]

Dann schlägt Marie das Buch zu. »Vielleicht entspringen so manche Kinderträume nicht wilden Fantasien, sondern sind vom Urheber des Lebens in unser Herz gelegt worden. Findet meine Einsamkeit und das damit einhergehende dumpfe Empfinden des Nicht-Dazugehörens in dieser Welt ihre Antwort im Urheber als unserem Vater?«

Marie ringt mit sich, um nicht die Fassung zu verlieren.

»Dass mich das mit dem Urheber als Vater so berührt, ist mir auch irgendwie unangenehm und peinlich. Auf meine Frage: ›Darf ich sein?‹, antwortet der kleine große Mann nicht mit einem: ›Du darfst sein‹, sondern mit einem: ›Ich will, dass du bist!‹, das bewegt mich. Irgendwie sind wir doch wie ein Puzzleteil, das seinen richtigen Platz im großen Puzzle sucht. Haben wir nicht eine Sehnsucht und ein intuitives Empfinden, Teil eines größeren Ganzen zu sein? Teilhaben zu dürfen an etwas einzigartig Bedeutsamem, ewig Gültigem, für immer Bestehendem. Ist das nicht genau das, was mit ›der Urheber ist unser Vater‹ gemeint ist?«

»Ich weiß nicht. Mir klingt das alles doch recht naiv und zu einfach und fantastisch«, erwidert Humen und wendet sich ein wenig von seiner Freundin ab.

»Ich merke, da ist etwas, Humen.« Marie lässt sich nicht beirren. »Noch kenne ich den Urheber nicht, aber es pulsiert in meinem Innersten und ich will das Wagnis eingehen. Ich glaube, dass es etwas gibt, das größer ist als ich, und mir Bedeutung gibt. Dieses Buch scheint den Urheber groß zu machen, ohne uns klein werden zu lassen. Vielleicht wird unser Leben mit dem kleinen großen Mann an der Seite bedeutsam und gewichtig.«

»Wie meinst du das? Ich selbst habe auch schon viel bewegt. Weißt du noch, als ich Nahrung für unseren Bau gefunden habe? Auch wenn ich dafür keine Anerkennung bekommen habe. Ich werde mich einfach mehr anstrengen, dann werde ich eines Tages auch am Tisch der Ältesten sitzen dürfen.«

Da fällt Marie etwas ein: »Stell dir vor, wir sitzen auf einem Elefanten – ich als kleiner Marienkäfer oder du als Ameise. Der Elefant geht – mit uns zusammen – über eine Hängebrücke. Die Brücke fängt gewaltig an zu schwanken, worauf wir ganz begeistert zum Elefanten sagen: ›Schau, was wir zusammen in Bewegung bringen.‹ Worauf der Elefant ernst und liebevoll antwortet: ›Ja, wir zusammen.‹ Der kleine große Mann ist der Elefant, der das Gewicht einbringt, der die Dinge in Bewegung bringt und uns doch zuspricht, dass wir das gemeinsam sind. Mein eigenes Gewicht ist so gering, dass es niemand braucht. Es sei denn, der kleine große Mann bringt sein Gewicht mit ein. Dann wäre ich kein Leichtgewicht mehr. Gemeinsam mit ihm würde ich etwas bewegen. Bekommt so mein Leben Bedeutung?«

5

DAS GEMEINSAME TREFFEN

Exploration Urheber

Es vergehen mehrere Wochen, in denen Humen und Marie sich regelmäßig treffen, um in dem Buch zu lesen und sich auszutauschen. Nach einigen Wochen beschließen sie, sich mit Historicus, dem alten Dachs, Rationus, dem schlauen Fuchs, Sophia, der weisen Eule, und Carlo, dem lebhaften Kater, auf ihrem Lieblingshügel zu treffen.

»Danke, dass ihr alle gekommen seid!«, eröffnet Marie die Versammlung.

»Ihr habt uns auf unserer Suche nach dem Sinn und dem Urheber des Lebens wichtige Impulse gegeben«, fügt Humen hinzu.

»Na, und zu welchem Ergebnis seid ihr gekommen?«, fragt der alte Dachs voller Neugier.

»Carlo, der Kater, hat uns ein altes Buch gegeben. Wir haben in den letzten Wochen viel in dem Buch gelesen und uns immer wieder getroffen und gemeinsam darüber gesprochen«, erzählt Marie. »Für uns stand fest: Wenn der Glaube, von dem in diesem Buch zu lesen ist, nicht wahr ist, ist er vollkommen bedeutungslos. Wenn er jedoch wahr ist, so ist er von unendlich großer Bedeutung. Bloß von mäßiger Bedeutung kann er nicht sein.«

»Immer wieder kommen mir Zweifel und ich habe nach wie vor zahlreiche Fragen«, ergänzt Humen. »Nach all dem, was ich in dem Buch gelesen habe, ist es voller Personen, die mit ihren Zweifeln und ihrem Ringen hin- und hergerissen waren, jedoch dafür nicht verurteilt wurden. Für mich ist es wichtig, dass ich fragen darf, ob der Glaube an einen Urheber und seinen Sohn logisch nachvollziehbar, emotional wahrnehmbar und in meinem Leben erfahrbar ist.«

»Ich merke, wie Zweifel mich in Spannung versetzen und immer wieder gefangen nehmen möchten«, gibt Marie zu. »Aber Zweifel zu unterdrücken, ist wie Fieber zu leugnen: Es ist besser, wenn wir unserem Zweifel nachgehen, als wenn wir dauerhaft mit Fieber leben. Zweifel werden durch Wahrheit zum Schweigen gebracht. Wahrheit ist die einzige angemessene Antwort, die eine solide Grundlage verschafft. Glaube an den Urheber entsteht nicht durch Wegsehen und Leugnen, sondern durch das Hinsehen auf meine Fragen und Zweifel.«

Marie atmet durch und spricht dann weiter: »Wir haben euch eingeladen, um uns bei euch zu bedanken, und möchten euch in ein paar Gedanken mit hineinnehmen, die wir uns auf unserer *Exploration Urheber* gemacht haben. Von dem, was ihr uns weitergegeben habt, konnten wir wertvolle Hinweise auf die Wirklichkeit des Urhebers finden. Manche Hinweise kommen aus der Reflexion über die Vergangenheit, wie sie uns Historicus weitergegeben hat, andere aus der Beobachtung und Erforschung der Natur, wie sie Rationus uns erklärt hat. Manche Hinweise kommen aus unseren Erfahrungen mit den Brennpunkten, wie sie Sophia ausgeführt hat.«

Der Blick in die Vergangenheit

»Von dir, Historicus, haben wir gelernt, dass der Blick in die Geschichte uns den Bau für die Zukunft eröffnet«, sagt Marie feierlich. »Der Blick in die Vergangenheit hat uns gezeigt, warum wir heute da sind, wo wir sind. Eine Gesellschaft, die auf Werten wie Vertrauen, Ehrlichkeit, Meinungsfreiheit, Solidarität und Gerechtigkeit beruht,

bricht zusammen, wenn ihr die Ressourcen abhanden-
kommen, die einst ihre Grundlage bildeten. Wo wir unseren Ursprung verleugnen, lösen wir uns von unserer Herkunft und verspielen unsere Zukunft. Die Erfahrungen aus
der Geschichte zeigen, wie naiv und gefährlich es ist zu
meinen, dass die Leugnung eines Urhebers zu einer Art
neutralem Vakuum führt. Denn wenn der Thron leer ist,
werden andere darauf Platz nehmen.«

Historicus wirkt gerührt und ist dennoch skeptisch.
»Zeigt nicht gerade die Geschichte, wie der Glaube an den
Urheber anfällig für Missbrauch ist?«

Da ergreift der Kater Carlo das Wort: »Gerade die
Geschichte der letzten Zeit lehrt uns doch, wie anfällig
für Missbrauch wir auch bei ideologischen Glaubens-
modellen sind, die einen Urheber per se ablehnen. Un-
schwer lässt sich aus der Geschichte erkennen, dass sich
die überwältigende Mehrheit der Erdenbürger, die an
den Sohn des Urhebers glaubten, als Friedensstifter verstanden haben und sie dies nicht entgegen, sondern aus
ihrer Glaubensüberzeugung heraus taten. Aber auch hier
gilt: Eine Kakerlake, die sich in deinem Essen findet,
genügt, um eine ansonsten köstliche Mahlzeit in eine
schlechte Erfahrung zu verwandeln. Leider ist es eine
Tatsache, dass eine Schlagzeile über pervertierten Glauben hohe Aufmerksamkeit erhält, während Millionen, die
sich aufgrund ihres Glaubens für andere einsetzen, weit-
gehend unsichtbar bleiben. Authentischer Glaube ist eine
kostbare Ressource, die zur Entfaltung des Gemeinwohls

einen bedeutsamen Beitrag leistet. Auch viele Erdenbürger, die nicht an einen Urheber glauben, bringen sich aufopfernd in unsere Welt ein. Dabei orientieren sie sich unwissentlich an einem Wertesystem, dessen Quelle der Urheber selbst ist.«

Plötzlich zieht eine Schar Zugvögel über sie hinweg. Die Tiere schauen den Vögeln, die in einer perfekten V-Formation fliegen, fasziniert hinterher.

Der Glaube und der Verstand

Als die Vögel vorbeigezogen sind, fährt Humen fort: »Von dir, Rationus, haben wir gelernt, dass uns die Feinabstimmung unserer Welt einen immer tieferen Blick in das Geheimnis und die Faszination unseres Lebens gibt. Dass unsere Welt, wie sie ist, von der Wahrscheinlichkeit her betrachtet, quasi unmöglich ist. Angesichts der überwältigenden Hinweise auf die Glaubhaftigkeit des ›Gerüchts vom Urheber‹ trägt derjenige die Begründungspflicht, der dieses Gerücht als irreführend abtut. Weder die Existenz noch die Nichtexistenz des Urhebers sind beweisbar. Dass der Urheber nicht bewiesen werden kann, bedeutet jedoch nicht, dass es unvernünftig wäre, an ihn zu glauben. Glaube ist nicht vernunftfeindlich. Wir müssen vielmehr die vernünftige Einsicht zulassen, dass Vernunft nicht alles zu erkennen vermag, was ist. Glaube bedeutet weder Vernunft ohne Glauben noch Glauben ohne Vernunft, sondern er ist ein durch die Vernunft gestützter Glaube. Der Glaube an den Urheber ist weder die Gewissheit, alles verstanden zu haben, noch ist er davon abhängig, alles verstehen zu müssen, um glauben zu können. Es ist kaum zu glauben, wie viel man glauben muss, um nicht an einen Urheber zu glauben.«

Rationus ist von Humens Worten sichtlich beeindruckt: »Wie kann es denn sein, dass ihr in kurzer Zeit so viele neue Erkenntnisse dazugewonnen habt? Wann habt ihr euch bloß all diese Gedanken gemacht?«

»Auf manchen älteren Grabsteinen ist zu lesen: ›Mühe und Arbeit war sein/ihr Leben.‹ Auf heutigen Grabsteinen müsste oft stehen: ›Er/Sie hetzte durchs Leben und verlor es dabei.‹ Im Rückblick auf mein Leben will ich sagen können: ›Ich habe gelebt!‹ und nicht: ›Ich wurde gelebt!‹ Vollgepackt mit Terminen, Aufgaben und Plänen hatte ich früher nie Zeit für Fragen nach Ursprung, Sinn und Bestimmung und setzte dabei die kostbare Beziehung zu meinen Familienmitgliedern, meine Gesundheit und meine Lebensfreude aufs Spiel. Deswegen haben wir uns Zeit genommen, um uns mit den zentralen Fragen des Lebens zu beschäftigen«, erklärt Humen.

»Der Sohn des Urhebers spricht von einem besonderen Tag, den er sich einmal in der Woche zur Neubesinnung und Inspiration nahm«, ergänzt Marie. »Er wusste, warum. Bei ihm können wir sehen, was es bedeutet, entspannt, gelöst und zwanglos zu leben. Dieser besondere Tag ist der Tag, aus dem heraus all die anderen Tage ihren Sinn bekommen. Wer sich aufmacht, diesen besonderen Tag zu entdecken, hört auf, mit sich selbst schlecht umzugehen. Der kann mit Freude arbeiten gehen und muss nicht erschöpft aus der Arbeit heraus verzweifelt Ruhe suchen. Wer den Rhythmus des Ruhetags für sich entdeckt, bricht nicht zuletzt zu einem Leben mit dem Urheber auf. Dieser wöchentliche Ruhetag ist für mich der Ausgangspunkt einer Exploration echter Begegnungen mit dem Urheber und seinem Sohn geworden.«

»Ein Ruhetag, das klingt interessant, aber wie kann ein solcher Tag konkret aussehen?«, fragt sich Rationus.

Der besondere Tag

Wieder ist es Carlo, der das Wort zuerst ergreift: »Ich versuche an diesem besonderen Tag ganz bewusst, drei Dinge zu leben:

1. Stoppen. Einmal in der Woche stoppe ich für einen ganzen Tag, um mich weder in den Wirren noch in der Oberflächlichkeit des Lebens zu verlieren. Ich erkenne, dass ich niemals alle meine Ziele und Projekte beenden werde. Ich höre auf, darüber nachzudenken, was ich alles noch wollen, tun und machen müsste.

2. Seine Seele zur Ruhe bringen. Ich nehme mir Zeit – zweckfrei – fürs Schlafen, Ausruhen, für Begegnungen mit den engsten Freunden, für die Familie, das beste Essen, den schönsten Ort in der Natur – all das Beste nehme ich an diesem besonderen Tag zusammen und genieße das Wunder des Lebens.

3. Dem Urheber danken. Ich verankere meine Seele, indem ich mir Zeit für den Urheber nehme und mich an ihm freue. Ich denke an all die Aspekte seiner Güte, die durch so viele Gaben aus seiner Hand zu uns kommen, und danke ihm dafür.«

Humen nickt. Auch für ihn ist dieser besondere Tag wichtig, auch wenn er das Gefühl hat, diesen Tag noch nicht so wie Carlo und Marie für sich entdeckt zu haben.

Schließlich wendet sich Marie an Sophia, die weise Eule: »Sophia, du hast uns verdeutlicht, dass es entscheidend ist, wie wir auf die Brennpunkte in unserem Leben reagieren. Wie stark die Fragen nach Wahrheit, Vernunft und Herz, Wert und Würde, Moral, Bescheidenheit, Leid und Ewigkeit unsere Antworten auf die Frage nach dem Sinn des Lebens und dem Urheber prägen. Du hast uns darauf hingewiesen, dass wir Beziehungswesen sind. Wo Leben gelingt, gelingen Beziehungen. Wo Leben scheitert, scheitern Beziehungen. Alles wirkliche Leben ist Begegnung. Das Ich entwickelt sich am Du. Ich glaube, dass dieses ›Du‹ im Wesentlichen der Urheber selbst ist.«

Marie hält inne: »Ich glaube, dass die Beziehung zum Urheber nicht davon abhängt, was ich ergreife oder begreife, sondern ob er mich ergreift. Im Kern des Glaubens an den Urheber steht eine Person. Eine Person, der man begegnen muss, um sie aufzuspüren. Der Urheber ist keine unpersönliche Vernunft, welche die Welt beherrscht, sondern eine Person, die liebt und ihrerseits geliebt werden kann. Man kann den Urheber nicht rational fassen, aber ihm relational begegnen. Hier geht es nicht um Intelligenz, sondern um Weisheit; nicht um Wissen, sondern um Gewissheit; nicht um theoretische Kenntnis, sondern um erlebtes Bekenntnis. Am Anfang des Glaubens an den Urheber steht weder ein intellektueller noch ein moralischer Entschluss, sondern ein Zusammentreffen mit einer Person, die eine völlig neue Orientierung im Koordinatensystem des Lebens verleiht. Wenn der Urheber eine Person ist, dann erschließt sich Entscheidendes aus der Beziehung zu ihm und nicht durch theoretisches Wissen über ihn. Durch Begegnung wird der Urheber erkennbar. Wo die Begegnung mit dem Urheber fehlt, bleibt der Urheber eine philosophisch abstrakte Größe.«

Sophia schließt die Augen. Gerade überlegt Humen, ob sie wohl eingeschlafen sei, als die Eule anfängt zu sprechen: »Ich strebe nach Weisheit, kann aber nicht sagen, dass ich eine Beziehung zum Urheber habe. Wie kann eine solche Beziehung geschehen?«

»In dieser Beziehung geht es nicht um die zwanghafte mentale Leistung im Sinne eines ›positiven Denkens‹ oder andere ›Glaubensleistungen‹«, antwortet Carlo. »Sie beginnt mit dem Zuhören. Das Lesen und Wirkenlassen seiner Botschaft. Ein Studium seiner Person. Aber nicht im wissenschaftlichen Sinne einer Datenerhebung, sondern unter der Grundannahme: Was wäre, wenn der Sohn des

Urhebers die allumfassende Realität ist? Es bräuchte also Zeit und Ruhe, weshalb oft Krisen, also erzwungene Ruhezeiten, der erste Anlass sind, sich mit der Frage nach dem Urheber und seinem Sein zu beschäftigen. Diese Worte dürfen sich dann in uns entfalten, ihnen wird Raum gegeben für sein Reden. Dann bekommen wir einen neuen Blick für die Wirklichkeit. Konturen verschieben sich. Die Wirklichkeit wird neu bewertet. Nicht zuerst durch ein Tun, sondern durch ein kindliches Empfangen, Hören, Annehmen und Aufnehmen dieser einzigartigen Botschaft. Je mehr diese Worte horchend vernommen werden, umso mehr entwickelt sich Vertrauen zum Urheber.«

»Aha«, sagt Rationus skeptisch, aber dennoch beeindruckt von der Entschlossenheit, mit der der Kater spricht. »Aber dazu müsste ich diesen Worten zunächst Glauben schenken können, Carlo.«

Der Sprung

Der Kater wendet sich dem Fuchs zu. »Der Entschluss, an den Urheber und seinen Sohn zu glauben, ist wie ein Sprung. Den Sprung in den Glauben kann mir niemand abnehmen. Ein Sprung bedeutet einen Bruch mit dem bisher Bekannten und Vertrauten, ein Abheben und Eintreten in etwas Fremdes, die Überwindung eines Hindernisses. Ein Sprung erfolgt ohne die Gewissheit, sicher oder sanft zu landen. Niemand kann für andere springen. Wir müssen in den Glauben springen, weil kein gerader Weg einer rational geprägten Weltanschauung zum Urheber führt. Jemanden als Urheber des Alls und der Welt zu bejahen, ist das eine. Eine Beziehung zu ihm zu haben, etwas ganz anderes. Hier reicht weder wissenschaftliche noch philosophische Reflexion. Schulweisheit ist hier am Ende. Der Sprung ins Ungewisse ist unausweichlich – Vertrauen nötig.«

Marie ergänzt: »Ehrlich gesagt, bin ich selbst gerade am Springen und weiß noch nicht, wo und wie ich landen werde.«

»Wenn es den Urheber gibt, warum zeigt er sich nicht einfach?«, fragt Historicus etwas verstimmt.

»Unsere Entscheidung für oder gegen den Urheber soll und muss eine freie Entscheidung sein«, antwortet Humen. »Nicht Logik, Moral oder Angst sollen uns dazu zwingen. Um diese Freiheit möglich zu machen, muss der Urheber sich selbst verbergen. Denn wäre er einfach da, wäre unsere Freiheit gelähmt. Wo der Urheber aller Dinge den Raum betritt, ist alles auf ihn ausgerichtet. Um eine freie Entscheidung für oder gegen ihn zu ermöglichen, ist er nur indirekt, durch Glauben, zu entdecken. Wie ein Gerücht, dessen Glaubhaftigkeit wir durch das Leben und Forschen selbst überprüfen können.«

»Redet ihr mit dem Urheber?«, fragt Historicus nachdenklich.

»Der Urheber spielte in meinem Leben bis vor Kurzem keine Rolle. Ich konnte mich nicht daran erinnern, mir je über ihn Gedanken gemacht zu haben«, sagt Marie und seufzt. »Warum auch? Mir ging es gut. Als Humen und ich unsere Exploration begannen, fing ich irgendwann an, ein paar Sätze an den Urheber zu richten. Ein mulmiges Gefühl stieg in mir auf. Was passiert, wenn es ihn gar nicht gibt? Und schlimmer: Was passiert, wenn der Urheber tatsächlich lebt, antwortet und in mein Leben tritt? Dass der Urheber heute noch spricht, war für mich ein Schock. Es war keine akustische Antwort, aber ich war erfüllt von neuen Gedanken, die oft erst Tage später in Herz und Verstand ihren Widerhall fanden. Keine spirituellen Fantasien oder Projektionen irgendwelcher Sehnsüchte und Wünsche.«

»Wo die Resonanz zwischen uns und dem Urheber blockiert wird, bleibt das Leben mit dem Urheber stumm. Da schwingt nichts«, ergänzt der Kater. »Reden mit dem Urheber ist kein frommes Selbstgespräch, sondern eine zentrale Inspiration für unser Leben. Im Herzen jedes Erdbewohners gibt es zahlreiche unbeantwortete Fragen. Mit dem Urheber zu sprechen, ist die großartige Möglichkeit, diesen Fragen eine Adresse geben zu können. Die Schönheit unserer Welt öffnet uns den Blick für den Urheber. Diese Schönheit selbst fordert uns auf, dem Urheber für dieses Geschenk der Schönheit zu danken. Der Mensch braucht die Zwiesprache mit dem Urheber, wie er das Wasser und den Sauerstoff braucht. Darum ist es lebensnotwendig, mit dem Urheber zu reden. Indem wir mit ihm kommunizieren, ergreifen wir seine ausgestreckte Hand. Wer den

Urheber kennenlernen möchte, kann nicht in der dritten Person *über* ihn, sondern muss in der zweiten Person *mit* ihm sprechen. Der Sohn des Urhebers zeigt den Urheber als Vater. Er kam, um uns zu suchen. Den Urheber aller Dinge als Vater zu erkennen – mehr kann es nicht geben, mit weniger solltet ihr euch nicht zufriedengeben.«

Als sich die Gruppe voneinander trennt, hängt jeder seinen Gedanken nach.

Historicus schlurft langsam zurück in seinen Dachsbau. »Ich bin schon alt und etwas müde vom Leben, sollte ich mich wirklich neu aufmachen und es wagen, den Urheber zu suchen oder gar mit ihm sprechen? Es wäre ein Wagnis. Nicht auszudenken, was der Urheber aus den Bruchstücken meines Lebens machen kann, wenn ich sie ihm ganz überlasse!«

Rationus beeilt sich, schnell nach Hause zu kommen, denn dort warten noch einige Aufgaben. »Mein Leben versinkt in Forschung und Arbeit und fliegt an mir vorbei. Dieser besondere Tag in der Woche hat mich sehr angesprochen. Mir Zeit dafür zu nehmen, mehr über den Sinn und den Urheber des Lebens nachzudenken. Ich sehne mich danach, die Welt neu zu entdecken. Bin ich blind geworden zu sehen, was die Kostbarkeit der Schöpfung mit dem Urheber zu tun hat? Wenn es den Urheber gibt, kann es nichts Faszinierenderes geben, als mit ihm in Verbindung zu kommen!«

Sophia erhebt sich, um hoch über den Bäumen eine Runde zu drehen und in Ruhe nachzudenken. »Das Buch vom kleinen großen Mann habe ich in meiner Jugend gelesen. Die Ausführungen von Humen, Marie und Carlo haben mich betroffen gemacht. Kann mir der kleine große Mann Türen zum Leben öffnen, von denen ich gar nichts wusste? Ich werde mich neu mit dem Sohn des Urhebers befassen.«

Carlo läuft zurück zu seinem Restaurant. »Ich war so lange einsam und bin dankbar, dass ich in einer Beziehung mit dem Urheber leben darf. Und dennoch weiß ich, dass es noch so viel mehr zu entdecken gibt. Ich möchte nie auslernen.«

Marie setzt sich noch eine ganze Weile auf ihren Lieblingsplatz auf dem sonnigen Stein. »Ich will nicht mehr oberflächlich leben. Mein Leben soll eine Bedeutung haben, die über den Genuss des Vergänglichen hinausgeht. Ich möchte mein Leben nicht vergeuden. Ohne die Eins vor noch so vielen Nullen bleibt alles wertlos. Ich will, dass der Urheber die Eins in meinem Leben wird.«

Humen erinnert sich an die Worte, die der kleine großen Mann den Erdenbürgern beigebracht hat, die mit dem Urheber sprechen wollten. Dabei fragt er sich: »Kann ich das auch von Herzen sprechen? Werde ich es wagen?«

»Unser Vater, der du bist im Himmel:
Geehrt werde dein Name.
Deine Wirksamkeit komme.
Dein Wille geschehe auf der Erde, wie er im Himmel geschieht.

Unser tägliches Brot gib uns heute. Vergib uns unsere Schuld,
wie auch wir denen vergeben haben, die an uns schuldig wurden.
Und lass uns nicht in Versuchung geraten, sondern errette uns vor dem Bösen.
Denn dir gehört die Herrschaft und die Kraft und die Herrlichkeit in Ewigkeit.«

POSTLUDIUM

Von Mensch zu Mensch

Der Urheber zeigt sich denen, die ihn von ganzem Herzen suchen. Und denen, die von ganzem Herzen fliehen, bleibt er verborgen. Sichtbar denen, die ihn suchen, und dunkel denen, die ihn nicht suchen. Für diejenigen, welche nichts begehren als zu sehen, ist genug Licht da.

Drei Dinge, die helfen können, ins Licht des Urhebers zu treten:

- Zu erkennen, vom Urheber gewollt zu sein.
- Sich Zeit zu nehmen, mit dem Vater aller Dinge Verbindung aufzunehmen.
- Dem Urheber als Tochter / Sohn zu danken.

Besuchen Sie uns ...

Unsere Webseite Exploration Gott (*www.exgo.info*)
Auf dieser Webseite werden die großen Fragen der Menschheit nach Ursprung, Sinn, Moral und Bestimmung vertieft angesprochen. Hören und sehen Sie beispielsweise Interviews, in denen bekannte Persönlichkeiten aus Naturwissenschaft, Politik, Sport und Kunst etwas zu ihrer Exploration Gott sagen.

QR-Code zu *www.exgo.info*

Social Media

 @explorationgott

 @explorationgott

 Exploration Gott

Kontakt unter: *kontakt@exgo.info*

Unsere Akademie

Eine 10-wöchige Web-Inspiration mit dem Thema: Faszination entdecken – Abenteuer Leben – relevant wirken

EXPLORATION GOTT AKADEMIE
denkend glauben – glaubend denken

Für wen ist dieser Online-Kurs?

- für alle, die mit auf eine Entdeckungsreise über Gott und die Welt kommen wollen
- für alle, die sprachfähiger werden und ihr Umfeld positiv prägen wollen
- für alle, die bereit sind, herzuzutreten (Ex) um neu inspiriert zu werden (Go)

Infos unter: *www.exgo.info/akademie/*
Anmeldung unter: *kontakt@exgo.info*

Stimmen zum Buch »Exploration Gott«

»*Ein notwendiges Buch in Zeiten des Wandels.*«
Volker Kauder, Mitglied des Deutschen Bundestages und von 2005 bis 2018 Vorsitzender der CDU/CSU-Bundestagsfraktion

»*Ein besonders empfehlenswertes Buch mit dem Prädikat wertvoll.*"
Roman Fertinger, Polizeipräsident des Polizeipräsidiums Mittelfranken

»*Mutig, ambitioniert und kenntnisreich.*«
Dr. Johannes Hartl, Autor und Redner zu Themen der Philosophie und Spiritualität

»*Das Heimweh nach Gott wächst. Dieses Buch liest sich wie ein Reiseführer zum Stillen dieses Heimwehs.*«
Dr. Wolfram Weimer, Verleger und Publizist

Auf was es jetzt ankommt

304 Seiten | Gebunden
mit Schutzumschlag
ISBN 978-3-451-38778-4

Europa und die Welt befinden sich in einem revolutionären
Wandel, der uns dazu zwingt, grundsätzlich umzudenken.
Wie werden wir das Miteinander auf unserem Planeten
gestalten? Was haben die Brennpunkte unseres Lebens und
die Zukunftsfragen der Menschheit mit der Frage nach Gott zu
tun? Stefan Vatter greift diese Fragen auf, indem er den Spuren
kühner Entdecker aus Naturwissenschaft, Politik, Philosophie,
Kunst, Medien und Theologie folgt. Exploration Gott nimmt Sie
mit auf eine Reise zu den Brennpunkten unserer Zeit. Ein Buch,
das sie überraschen wird.

In jeder Buchhandlung!

HERDER

www.herder.de

DAS AUTORENTEAM

 Sarah Vatter, M. Sc. Psychologie, geboren 1996 in Kempten/Allgäu, studierte Psychologie in Heidelberg und Eichstätt. Sie ist für eine Unternehmensberatung in München sowie für *Exploration Gott* (ExGo gGmbH) tätig.

 Stefan Vatter, Dr. theol., geboren 1965 in Göttingen, studierte Theologie in Deutschland und der Schweiz und promovierte zum Thema *Korrelation von Kirche und Welt*. Als Konferenz-Redner, Autor und Coach ist er im Bereich Führung, Personal und Unternehmensentwicklung international tätig. Sein besonderes Interesse gilt der Frage nach dem Wirkungszusammenhang von Gott und Welt. Er ist Gründer und Geschäftsführer von *Exploration Gott* (ExGo gGmbH).

Michael Steiger, geboren 1972 in Immen-
stadt/Allgäu, arbeitet als Zimmermann.
Er zeichnet hobbymäßig, besonders gerne Motive aus der Bibel. Sein Wunsch
ist es, das Hobby zum Beruf zu machen.
Kontakt: *michl.steiger@web.de*

ERLÄUTERUNGEN

1   Charles Darwin (1809–1882) war ein britischer Naturwissenschaftler, der durch seine Forschung über die Entstehung der Arten berühmt wurde.

2   Ludwig Feuerbach (1804–1872) war ein deutscher Philosoph, dessen Gedanken zur Religionskritik bis heute großen Einfluss haben.

3   Karl Marx (1818–1883) war ein deutscher Philosoph und Gesellschaftstheoretiker, dessen Lehre die Grundlage des Marxismus und Sozialismus bildeten.

4   Der österreichische Tiefenpsychologe Sigmund Freud (1856–1939) gilt als Vater der Psychoanalyse.

5   Nach Friedrich Nietzsches Text aus »Die fröhliche Wissenschaft«. Nietzsche (1844–1900) war ein deutscher Philosoph, der den Satz »Gott ist tot!« prägte.

6   Stephen Hawking (1942–2018) war ein britischer Astrophysiker. Er wurde durch seine Forschung zu den Schwarzen Löchern bekannt.

7   Galileo Galilei (1564–1642) war ein italienischer Mathematiker, Ingenieur, Physiker und Astronom.

8   Max Planck (1858–1947) war ein deutscher Physiker. Er gilt als Begründer der Quantenphysik.

9   Albert Einstein (1879–1955) war ein deutscher Physiker. Er zählt zu den bedeutendsten und bekanntesten Naturwissenschaftlern der Wissenschaftsgeschichte.

10 Ausspruch des Quantenphysikers Max Planck

11 Vergleich des Astrophysikers Stephen Hawking

12 Fred Hoyle (1915–2001) war ein britischer Astronom und Mathematiker.

13 Michel Foucault (1926–1984), war ein französischer Philosoph, Historiker und Psychologe.

14 Friedrich Nietzsche

15 George Orwell (1903–1950), war ein englischer Schriftsteller und Journalist, der durch seinen Roman »1984« berühmt wurde.

16 Blaise Pascal (1623–1662) war ein französischer Mathematiker, Physiker und Philosoph.

17 Archimedes (287–212 v. Chr.) war ein griechischer Mathematiker, Physiker und Ingenieur. Er gilt als einer der bedeutendsten Mathematiker der Antike.

18 Antoine de Saint-Exupéry (1900–1944) war ein französischer Schriftsteller und Pilot, der durch seine märchenhafte Erzählung »Der Kleine Prinz« Weltruhm erlangte.

19 Gustav Heinemann (1899–1976) war ein deutscher Politiker und der dritte Bundespräsident der Bundesrepublik Deutschland.

20 Immanuel Kant (1724–1804) war ein deutscher Philosoph der Aufklärung. Er zählt zu den bedeutendsten Vertretern der abendländischen Philosophie.

21 Werner Heisenberg (1901–1976), war einer der bedeutsamsten deutschen Physiker des 20. Jahrhunderts.

22 Sokrates (469–399 v. Chr.) war einer für das abendländische Denken grundlegendsten Philosophen.

23 Gottfried Wilhelm Leibniz (1646–1716) war ein deutscher Mathematiker und Philosoph.

24 Mit dieser Frage setzte sich der Philosoph Immanuel Kant auseinander.

25 Fjodor Dostojewski (1821–1881) gilt als einer der bedeutendsten russischen Schriftsteller.

26 Gilbert Keith Chesterton (1874–1936) war ein englischer Schriftsteller.

27 Viktor Frankl (1905–1997) war ein österreichischer Neurologe und Psychiater und ist Gründer der Logotherapie.

28 Peter Sloterdijk (geb. 1947) ist ein deutscher Philosoph, Kulturwissenschaftler und Publizist.

29 Max Thürkauf (1925–1993) war ein Schweizer Naturwissenschaftler und Philosoph.

30 Stephen Hawking verstarb im Jahr 2018.

31 Nach Miroslav Volf (geb. 1956), einem einflussreichen kroatisch anglikanischen Theologen.

32 Der gebürtige Ire C. S. Lewis (1898-1963) war einer der einflussreichsten Schriftsteller und Literaturwissenschaftler des 20. Jahrhunderts.

33 Die Bibel, Neues Testament, Johannes 17